세계 넘버원을 향한 K-기업가정신

THIS IS
K-BUSINESS
대한민국을 선진국으로 이끈 K-경영

김기찬 · 서용구 외 지음

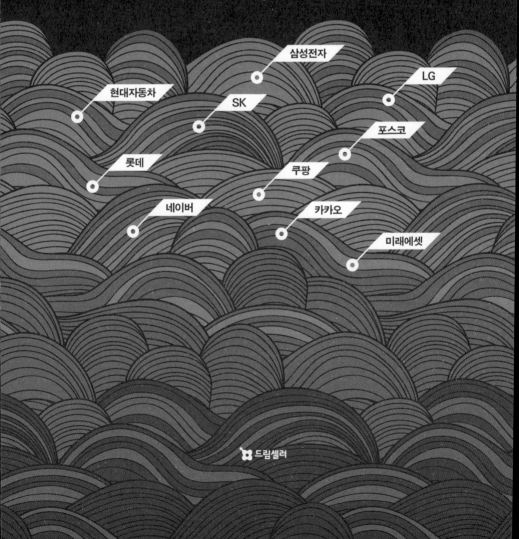

삼성전자

현대자동차

LG

SK

포스코

롯데

쿠팡

네이버

카카오

미래에셋

드림셀러

저
자
소
개

(가나다 순)

김기찬 | 가톨릭대학교 경영학부 교수 | 삼성전자 편

기업 간 관계 모형으로 서울대학교에서 경영학 박사학위를 받았으며, 조지워싱턴대학교 석좌교수를 역임했다. 현대모비스 사외이사, 삼성전자 자문교수, 포스코 장기발전계획 연구, SK 수펙스 연구위원으로서 최고경영층과의 빈번한 연구 및 자문을 수행했다. 국민경제자문회의 혁신분과 의장을 역임하였으며, 세계중소기업학회ICSB 회장, Journal of Small Business Management의 Associate editor로 활동했다. K-기업가정신재단 발기인으로도 참여하고 있다.

김성회 | CEO리더십연구소 소장이자 숙명여자대학교 초빙교수 | SK 편

삼성전자, 현대자동차, SK, LG, 포스코 등 국내 굴지의 대기업과 공공기관에서 리더십 강의와 코칭을 하고 있다. 현장의 생생한 사례와 동양 고전을 버무려 전파하는 통찰력 있는 리더십 전문가로서, 〈세계일보〉 CEO 인터뷰 전문기자로 1,000여 명이 넘는 각 분야의 리더와 교류했으며 일선 직원들을 밀착 인터뷰하여 조직에서 생기는 각종 고민과 문제의 원인을 근본적으로 이해하고 해결책을 제시해온 경영 솔루션 분야의 권위자다.

김연성 | 인하대학교 경영학과 교수 | 카카오 편

서울대학교 경영학과 학사, 석사 및 박사학위를 취득했고, 인하대학교 대학원에서 융합고고학전공 문학석사를 받았다. 주요 연구 분야는 오퍼레이션스를 통한 가치창출 전략, 품질경영, 서비스품질과 고객만족경영, 서비스혁신, 서비스성과 향상, 서비타이제이션, 기술경영, 구매전략 등이다. 행정안전부, 기획재정부, 산업통상자원부, 국토교통부 등의 평가 및 자문위원으로도 활동하고 있으며, 2024년 한국경영학회 회장을 맡고 있다.

문형남 | 숙명여자대학교 경영전문대학원 교수 | LG 편

국내 대표 정보통신기술ICT과 지속가능성 연구 학자로서 ESG와 메타버스 및 공정거래 미래전략을 집중 연구하고 있다. (사)지속가능과학회 공동회장, (주)ESG메타버스발전연구원 원장/대표이사, 대한민국ESG메타버스포럼 의장, 인공지능AI국민운동본부 공동의장 등을 맡고 있다. ICT와 지속가능발전에 기여한 공로로 장관상을 6회 수상하고, 근정포장을 수훈(2021)했다.

서용구 | 숙명여자대학교 경영대학원 교수 | 롯데 및 쿠팡 편

서울대학교 경영학과 학사 및 석사, 옥스퍼드대학교에서 박사학위를 받았으며, 2021년 상전유통학술상(최우수상)을 수상했고 '브랜드 마케팅'과 '유통'을 주제로 90여 편의 논문을 국내외 학술지에 게재했다. 저서로는 《I.O.E.A 브랜드 스타를 만드는 상상엔진(2010)》, 《불황에 더 잘나가는 불사조기업(2017)》, 《빅블러 시대(2021)》 등이 있다.

오준석 | 숙명여자대학교 경영학부 교수 | 현대차 편

서울대학교에서 경영학 박사학위를 받았으며, 뉴욕주립대학교에서 조세학을 공부했다. KOTRA와 외국인투자지원센터에서 국제조세상담역으로 근무했으며, 현재 기획재정부 세제발전심의위원으로 활동하고 있다. 주요 연구주제는 국제조세와 디지털통상으로 OECD Tax Center에서 각국의 조세공무원을 대상으로 한 국제조세 프로그램에도 참여하고 있다.

유규창 | 한양대학교 경영대학 교수 | 포스코 편

위스콘신-메디슨대학교에서 인적자원관리로 박사학위를 받은 후 대학에서 인적자원관리와 리더십 분야에서 연구와 강의에 집중하는 동시에 삼성, SK, LG, 현대자동차, CJ, 포스코 등 한국을 선도하는 기업에 자문역할을 수행하고 있다. 또한 고용노동부, 기획재정부, 인사혁신처, 산업자원부 등의 정부기관에서도 자문역할을 하고 있다

정연승 | 한국유통학회장이자 단국대학교 경영학과 교수 | 네이버 편

서울대학교 경영학과 학사, 석사, 연세대학교에서 경영학(마케팅) 박사학위를 받았다. 한국장기신용은행, 삼성경제연구소, 현대자동차, 이노션을 거치면서 경영전략, 마케팅, 유통, 광고, 이커머스 분야에 관한 다양한 컨설팅과 리서치 실무경험을 쌓아왔다. 네이버, 쿠팡, 롯데, CJ 등에 자문역할을 수행하고 있으며, 산업자원부, 중기벤처부, 공정위 등 정부기관 자문역할도 맡고 있다.

홍기영 | 한국금융신문 금융연구소장 겸 〈웰스매니지먼트(WM)〉 편집인 | 미래에셋 편

미국 미주리대학교 경제학 박사로 1989년 〈매일경제〉 편집국 기자로 입사, 차장을 거쳐 국제부장, 과학기술부장, 중소기업부장, 증권2부장, 프리미엄뉴스부장, 경제부장, 경제경영연구소장을 역임했다. 국내 최대 발행부수를 자랑하는 〈매경이코노미〉 주간국장을 거쳐 경제월간지 〈LUXMEN〉, 골프전문지 〈골프포위민〉을 발행하는 월간국장으로 재직했다.

바야흐로 K-경영의 시대!
글로벌시장을 선도하고 대한민국을 선진국으로 이끈
한국형 성공 기업을 밝힌다

국내 주요 그룹의 역사는 대부분 반세기가 넘으며, 이들은 1960년대 이후 세계 최빈국이었던 한국이 선진국 반열에 오르는 격동의 성장 시기를 함께해왔다. 한국경제의 기틀을 닦은 이병철, 정주영, 이건희, 신격호 등 1·2세대 기업인들의 시대가 저물었다. 한국경제의 고도 성장기 '한강의 기적'을 선두에서 이끌고 산업계의 기틀을 닦은 재계 1·2세대가 퇴장하고 3·4세대 기업인들이 이어받으면서 변화될 기업 경영 방식에 대한 관심도 커지고 있다.

과거 문어발 확장, 정경유착 등 비판의 단골 소재였던 한국 대기업의 경영 방식에 대해 부정적 인식이 높았다면, 현재는 발 빠른 의사결정과 디지털 전환 성공 등이 주목받고 있다.

지금 시점에서 K-경영에 주목하는 이유는 무엇인가? 소위 한국형 기업 성장 방식인 K-경영이다.

코로나19 팬데믹이 극심했던 2020년이 '전략적 변곡점'으로 보인다. 코로나19 사태는 3차 세계대전과 같은 맥락에 놓여 있다. 2년 짜리 전쟁이 백신으로 인해 끝이 보이기 시작했다. 개인적으로는 2020년이 진정한 21세기의 시작이라고 본다. 예를 들어 쿠팡이 40조 원의 기업가치를 인정받고 나스닥에 상장을 시도한 일, 카카오 주 가가 한때 50만 원을 돌파한 점 등이 이를 방증한다.

한국으로 한정하면 IMF 경제위기만큼의 큰 변화가 일어났다. 가 장 큰 특징은 미국, 영국, 일본 등 전통 선진국은 코로나19 전쟁의 패자인 반면, 한국, 중국, 대만 등은 승자 그룹에 속해 있다는 사실 이다. 코로나19가 한창이던 2020년 한국 국민의 생활 수준을 보여 주는 1인당 국민총소득GNI이 주요 7개국G7 구성원인 이탈리아를 넘어섰던 것이나 〈브랜드 파이낸스〉에서 매년 발표하는 국가 브랜 드 가치에서 한국이 9위에 오른 점 등이 대표적 사례다.

이러한 변화의 가장 큰 배경은 경제에서 기적을 창출했다는 점이다. 글로벌 10위권 경제가 만들어진 데에는 삼성으로 대변되는 한국의 대기업이 차지하는 몫이 크다. 세계를 상대로 하는 대기업들이 주역이고, 그 비밀은 K-경영에 있다.

또한 성공적인 K-경영은 '상품성'에 있다. 해외 대학교에서 다양한 학생들을 만나 보면, 그들은 한국 기업의 경영 방식에 관심이 많았다. 2018년 기준으로 세계에서 돈을 많이 번 민간 기업은 애플이고, 2등이 삼성전자다. 한국 기업이 어떻게 많은 수익을 내는지 설명해줘야 한다. 우리가 흔히 삼성을 이야기할 때 가장 큰 경쟁력이 '빨리빨리'를 강조하는 스피드경영이다.

K-경영의 본격적 출발점 중 하나는 1983년 한국 반도체 사업의 시작이다. 반도체의 시작과 1997년 IMF 경제위기 이후 반도체에 대한 선제적 투자가 중요했다. 누가 빨리 투자하느냐의 싸움에서 한국이 일본보다 빨랐고, 결국 반도체 사업 역전에 이르렀다. 스피

드경영이 통했던 것이다.

한국의 빨리빨리 기업 문화가 글로벌 금융위기 이후 2010년부터 2020년의 디지털 전환기에 맞아떨어졌다. 디지털 문명을 가능케 하는 반도체, IT 인프라가 한국에서 빨리 자리 잡을 수 있었다. 이 과정에서 전자상거래 세계 1위, 디지털 문명국으로의 전환이 한국에서 발생했다. 신선식품 당일배송, 〈기생충〉, BTS가 가능했던 데에는 1970년대 이후 태어난 X세대가 주역으로 부상한 배경이 있다. 방시혁 대표나 봉준호 감독이 대표적이다. 그들은 세계에서 가장 세련된 디지털 생산물을 만들어 냈다.

K-경영의 성공비결에는 다양한 요소가 있을 수 있다. 앞서 반도체 사업에서의 의사결정 스피드와 과감한 투자, 도전정신, 패스트 폴로 전략 등이 대표적이다. 그런 가운데 K-경영의 원조들로 불리는

이병철, 정주영, 박태준 회장 등은 공통적으로 시대 소명과 철학 그리고 사회·경제적인 배경을 공유하고 있다. 3D 즉, 결핍Deficiency, 규율Discipline, 헌신Dedication로 요약된다. 3D 정신은 어떤 어려움 속에서도 불굴의 의지를 가지고 돌파해내는 원동력이었고, 한강의 기적을 불러왔던 동인이다. 동시에 그 과정에서 부정적인 반기업 정서와 비판의 대상이 되기도 했다. 그러나 이를 버릴 필요는 없다. 이들 정신은 특정 창업자들만이 가지고 있었던 게 아니라 보편적인 한국인 정서 속에 내포되어 있기 때문이다.

한국형 경영의 특징으로는 리더의 주(主: 장기성과와 신속한 의사결정의 주도성), 관리자의 전문성과 열정을 다하는 충(忠), 일의 흥(興), 공동체의 정(情), 조직의 빠른 습(習)으로 요약된다. 산업화 이전 세대만 해도 한국적인 것에 대해 후지고 열등하다는 의식이 강했다면 산업화 세대는 열등감을 국수주의적인 포장으로 덮었다. 하지만 밀레니얼세대에서 불고 있는 소위 K 바람을 보면 애국심이나 열등감을 넘어서는 자존감, 명품의식, 국가 브랜드로 이어지고 있다.

K-경영이 어떤 DNA의 변화를 거치면서 현재에 이르렀는가를 살펴보는 게 의미가 있다고 본다. 유교 자본주의가 한 축이라고 생각하는데, 유교 자본주의의 철학과 경영자들의 빠른 의사결정, 군자경영의 철학, 장사꾼이 아니라 사업가나 기업가가 되어야 한다는 의식 등이다. 삼성 반도체가 초기에는 돈 먹는 하마였지만, 장기적 비전을 생각한 선행 투자로 성공을 거두었다. 오너 경영의 장점이다. 당장이 아니라 10년 후를 내다보고, 단순한 수치보다 무엇을 남길 것인가 그 가치를 생각하는 업의 본질을 따지는 게 바로 K-경영이다.

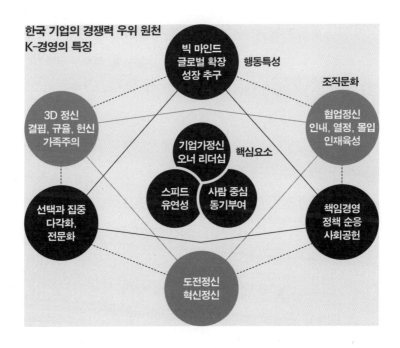

한국 기업의 경쟁력 우위 원천
K-경영의 특징

빅 마인드
글로벌 확장
성장 추구

행동특성

조직문화

3D 정신
결핍, 규율, 헌신
가족주의

협업정신
인내, 열정, 몰입
인재육성

기업가정신
오너 리더십

핵심요소

스피드
유연성

사람 중심
동기부여

선택과 집중
다각화,
전문화

책임경영
정책 순응
사회공헌

도전정신
혁신정신

기업 경영 환경은 급변하고 있다. 적합한 비즈니스 모델이 필요하다. K-경영 역시 미래지향적인 모습을 갖춰야 할 것으로 보인다. 최근 플랫폼 기업들인 네이버·카카오·쿠팡 등이 신흥기업으로 등장했다. 삼성·현대·LG 등 대기업들이 세워온 경제 성과를 바탕으로 새로운 플랫폼 기업들이 제2의 경제 르네상스, 새로운 패러다임을 주도하는 기업으로 갈 수 있을지가 중요하다. 네이버는 처음에 성장했을 때 스피드경영, 수평구조, 역동적인 기업 문화였다. 대기업식 관료주의가 똬리를 틀면 경영이 방만해지고 속도가 느려진다. 크지만 작은 기업처럼 움직이는 경영방식 도입이 필요하다. 카카오 등이 CIC(기업 내 기업)를 활용해 지속적으로 사업을 분사시키고, 지붕 안에 두지 않고 역동성을 유지하는 게 한 가지 방법이다. 다만 전략적으로 공동의 목표를 가져가야 할 것이다. 네이버, 카카오 같은 기업들은 기술지향적 마인드가 바탕에 있다. 정통적인 대

기업과는 여러모로 다르다. 그런 점들이 계속 유지되느냐가 관건일 것이다.

최근 기업 경영과 자본시장에서 자주 회자 되는 ESG와 연결성이 있다. 삼성그룹 이병철 회장은 사업보국, 이건희 회장은 인류에 기여하자는 경영방침이나 윤리경영, 앞서 유교 자본주의는 환경, 사회적 책임 등을 따지는 ESG와 이어질 수 있다. 기업은 단순히 수익성에 치우치기보다 멀리 바라볼 필요가 있는데 이 역시 오너 경영과 상관관계가 있다. 얼마나 벌 것인가보다 무엇을 남길 것인가를 늘 생각하는 것이 K-경영의 핵심이다. 오너 경영, 유교 자본주의의 역기능을 없애면서 발전시킬 방법, 장점을 긍정적으로 발현시키는가가 미래 K-경영의 과제다.

과거에는 혁신과 모방이 따로 있었다. 빨리하면 혁신, 늦게 하면 모방이다. 결국 먼저 하는 싸움이 기업가정신에서 중요했다. 그러나 이제는 모방과 혁신의 정의가 달라져야 한다. 시대를 앞서가는 전환적 기업가는 꿈을 따라간다. 최근에는 기업 경영에서 '꿈'이란 단어가 사라진 것처럼 보인다. 기업가는 꿈과 비전을 줘야 한다. 앞으로 대한민국의 기업들이 꿈과 비전을 어떻게 제시하고 실행해 나갈 것인지 주목된다.

이 책《대한민국을 선진국으로 이끈 K-경영》에서 톱10의 대기업 분석을 통해 K-경영의 과거, 현재 그리고 미래를 살펴봄으로써, 글로벌시장에서 더욱 고군분투할 우리의 기업을 응원하고자 한다.

1부

대한민국의
제조기업

삼성전자
현대자동차
SK
LG
포스코

삼성전자

'초격차' 성공 비결은 동적 전환능력과 혁신속도

'미래를 보는 눈과 사람을 보는 눈'을 갖추고, 인재제일주의를 앞세워 초일류로 도약

글로벌 초우량기업 반열에 오른 삼성전자는 한국의 대표기업이다. 2019년 인터브랜드가 평가한 삼성전자의 브랜드 가치는 미국 기업을 제외하면 세계 1위다. 미국 기업을 포함하면 세계 6위에 랭크된다. 2018년 삼성전자는 세계에서 두 번째로 이익을 많이 내는 회사로 꼽혔다. 국제 신용평가기관인 피치Fitch에 따르면, 국영 기업인 아람코Aramco를 제외하고 1위가 애플(818억 달러)이고, 2위가 760억 달러의 삼성전자, 3위는 유럽 최대의 석유회사 로열더치쉘Royal Dutch Shell, 구글의 모회사 알파벳Alphabet이 4위로 그 뒤를 이었다.

세계가 주목하는 삼성전자, K-경영의 비밀은 무엇일까?

삼성은 초일류, 초격차를 추구한다. 일등주의로 세계 정복에 성공한 기업이다. 삼성은 가전-반도체-스마트폰으로 미래를 위해 변신하고 진화하는 전환능력을 갖췄다. '빨리빨리' 문화를 앞세운 혁신속도로 10년 만에 획득한 일본의 반도체 기술력을 5년 만에 따라잡았다. 해외기업이 배우고 싶어 하는 삼성의 경영 비결은 '미래를 보는 눈과 사람을 보는 눈'이다. 미래를 읽는 눈으로 삼성의 사업전환 능력인 피벗팅pivoting을 발휘한 바 있다. 사람을 보는 눈은 삼성이 미국, 일본, 독일의 경쟁기업을 따라잡고 앞서 나가는 스피드경영을 가능하게 만들었다.

1990년대 후반 유영복 삼성전자 과장이 인도에 파견되었다. 수도 뉴델리 인근의 위성도시인 노이다Noida 산업단지에 위치한 삼성전자 공장은 당시 지저분하고, 느리고, 스스로 일하기보다는 일을 시키는 카스트 문화가 만연한 작업장이었다. 이러한 위기 상황에서 그는 직원들과 함께 혁신의 길을 걷게 된다. 유영복 과장은 삼성전자 인도공장에 3가지를 바꾸자는 캠페인을 제안했다.

역사를 바꾼 3가지의 요소는 시간, 공간, 인간이다. 첫째, 시간이다. 그는 가장 느린 공장을 가장 빠른 공장으로 바꿔보자고 했다. 둘째, 공간이다. 그는 가장 지저분한 공장을 가장 깨끗한 공장으로 바꾸자고 했다. 셋째, 사람이다. 그는 다른 사람에게 일을 시키는 공장에서 직접 일하는 공장으로 만들자고 제안했다. 이른바

대한민국을 선진국으로 이끈 K-경영

CSA~Clean, Speed, Action~ 캠페인이다. 삼성전자의 인도공장은 지저분한 인도에서 가장 깨끗한 공장으로, 느린 인도에서 가장 빠른 공장으로, 일을 다른 사람에게 시키는 공장이 아니라 직접 일하는 공장으로 거듭나게 되었다. 인도 노이다공장은 전 세계 삼성 사업장 중 생산성 1위를 차지했고, 이후 세계 최초로 1인당 컬러TV를 100대씩 생산하는 성과를 이루어냈다. 현지 시장에서 LCD TV 점유율 50%, 모니터 점유율 1위의 실적을 달성한 전진기지로 주목받았다. 이 인도 최고의 기업은 행정고시 출신 공무원들의 필수 견학 코스가 되었다.

모든 사업의 요소는 자금, 기술, 시장이다. 하지만 이는 사업의 기본일 뿐이다. 성공의 필요조건일 뿐이다. 성공의 충분조건은 기회를 포착하는 타이밍이다. 기업은 새로운 환경변화에 기민하게 대응하는 혁신 없이는 존속하기 어렵다. 삼성 비서실 출신의 이금룡 '도전과 나눔' 이사장은 고(故) 이건희 회장의 미래를 보는 눈과 사람을 보는 눈이 오늘의 삼성을 만든 힘이었음을 강조했다.

기업가는 한 세대 이상의 미래를 내다보는 눈을 가져야 한다. 김인 전 SDS 사장은 이건희 회장을 20, 30년 후 일어날 일을 앞당겨 보는 눈을 가진 분으로 회상한다. 미래를 내다보는 이런 눈은 리더의 미래 방향 관리~direction management~와 동적 전환능력~dynamic capability~의 원천이 된다. 삼성은 70여 년에 걸쳐 적절하게 타이밍을 잡아내며 피벗팅에 성공해왔다. 미래를 내다보는 이런 눈이 오늘날 한국 반도체를 세계 1위의 총아로 만든 셈이다.

한국경영학회 교수들이 뽑은 '한국경제에서 기억해야 할 가장 중요한 해'가 1983년이다. 삼성전자는 1983년 3월 도쿄에서 반도체산업에 진출하겠다고 전격 선언했다. 당시 일본, 미국 등 반도체산업 선발국들은 삼성의 이런 결정을 비웃었다. 심지어 한국 내에서도 자본, 기술이 없다는 이유로 삼성의 결정을 무모하다고 비판했다. 지금은 일본 대표 전자업체 10개의 주가를 합쳐도 삼성전자 시가총액의 50%에도 못 미친다.

동적 전환능력, 피벗팅의 힘

만약 가전사업이 핵심이었던 삼성전자가 1980년대 당시, 앞으로 세계 최고의 가전회사가 되겠다고 선언했다면 어떻게 되었을까? 삼성전자는 창업 후 3번의 파괴적 사업전환과 피벗팅에 성공했다. 가전에서 반도체사업, 그리고 스마트폰으로의 전환이다. 피벗팅은 미래를 위해 현재를 파괴하는 것이지만, 현재의 저주curse of incumbency를 극복하는 길이 되었다. 변신이 진화를 만들어 냄으로써 삼성전자는 세계적인 기업으로 도약했다. 지금은 2030년에 비메모리 반도체 분야에서 세계 1등을 차지하겠다는 미래의 비전을 제시하고 대대적인 투자를 준비하고 있다.

삼성은 혁신에 도전하는 능력이 뛰어난 기업이다. 삼성에는 미래의 기회를 읽어내고, 피벗팅 변혁을 끌어내는 문화spirit seeing opportunity가 있다. 이건희 회장은 한 세대의 미래를 미리 내다보고, 그 속에서 끊임없이 새로운 기회를 찾아내려 노력했던 기업가였다. 삼성은 미래전환 목표를 세우고 비즈니스 모델의 대전환을 시도하는 피벗팅 능력이 강한 기업이다. 이것이 해외기업들이 배우고 싶어 하는 삼성의 첫 번째 교훈이다.

그러면 어떻게 기업의 사업전환 능력을 키울 수 있을까? 피벗팅의 실천에는 많은 저항이 따른다. 이를 위해서는 미래변화를 위해 도전하는 조직문화를 만들어야 한다. 이때 필요한 것이 기업가의 '거대한 전환의 목표MTP : Massive Transformative Purpose'와 전환적 리더십이다. 조직이 커질수록 기업가의 꿈도 커져야 하는 셈이다.

먼저, 피벗팅을 잘하는 기업이 되기 위해서는 '기업가여, CDOChief Dream Officer가 돼라'라는 말을 잘 살펴야 한다. 성공한 오늘을 파괴하고 내일을 향한 변신의 아픔을 견뎌내는 힘은 혁신의 꿈과 비전에 있다. 기술만 강조해서는 회사가 변신하기 어렵다. 꿈에

도전하는 회사를 만들어야 하는 이유다. CDO는 꿈 만들기를 잘하는 사람이다. CEO, 즉 일을 집행하는 사람, 최고집행책임자가 아니라 꿈을 꾸는 기업가, CDO가 되어야 한다. 기업가는 잔기술보다 세상을 바꿀 만한 큰 꿈인 거대전환목표MTP에의 도전을 멈추지 않아야 한다. 그래야 작은 기술혁신에 만족하지 않고 끊임없이 새로운 기술에 도전하는, 혁신적인 조직을 만들어갈 수 있다.

 ## 모든 것을 바꾼
'폐기경영'으로 조직혁신

꿈만으로는 성공하기 어렵다. 혁신은 조직이 움직여 줘야 가능하다. 대기업이 겪는 가장 심각한 병은 조직의 관료화다. 조직이 비대해질수록 혁신에 저항하는 관료주의도 커진다. 최고의 혁신은 바꾸는 것이다. 잘 바꾸기 위해서는 폐기와 삭제를 잘해야 한다. 따라서 혁신을 위해서는 무엇보다도 폐기abandonment의 용기가 필요하다. 먼저 버려야 할 것과 버리지 말아야 할 것을 큐레이션해야 한다. 업의 본질에 해당하는 것 이외에는 과감하게 버리는 것이다. 이것이 피터 드러커의 체계적 폐기systematic abandonment 이론이다.

양을 버리고 질로의 혁신을 추구하는 것이다. 오늘을 버렸더니 내일의 발전이 이루어지는 셈이다.

"If you want something new, you have to stop doing something old

(새로운 것을 얻고 싶으면 옛것을 버려야 한다)." _피터 드러커

1990년대 초반까지 삼성전자는 세계시장에서 저가 제품 메이커에 불과했다. 미국 유통점에는 삼성 가전제품 재고가 겹겹이 쌓여 있었다. 고(故) 이건희 회장은 1993년 1월 11일 사장단 회의에서 "21세기를 대비하기 위한 마지막 기회라는 각오로 새롭게 출발하자"라고 선언한다. 이것이 "미래를 위해 마누라·자식 빼고 다 바꾸자"는 프랑크푸르트 신경영선언이다.

이러한 신경영선언에도 현장에서의 품질개선은 잘 이루어지지 않았다. 결국, 2년 뒤인 1995년 3월 9일 삼성전자 임직원들은 삼성 구미사업장 운동장에서 애니콜 등의 휴대전화를 비롯해 무선전화기, 팩시밀리 등 불량제품 15만 대를 전량 폐기 처분하는 '불량제품 화형식'을 개최하기에 이른다. 당시 삼성전자는 150억 원에 달하는 제품을 폐기한 '화형식'을 통해, 질(質) 경영으로의 전환을 시도했다. 사람과 조직은 잘 바뀌지 않는다. 위기의식을 가질 때만 바뀐다.

실적이 나쁜 부서의 장을 많이 맡았던 권오현 전 삼성전자 부회

장의 최고의 혁신전략은 그 이전의 많은 프로젝트를 체계적으로 폐기하는 것이었다. 문제가 많았던 부서들의 특징은 모든 것을 다 하려고 한다는 것이었다. 그는 일단 부서를 맡으면 100개의 프로젝트 중 90% 이상을 버리는 작업을 시작했다. 그랬더니 조직의 생산성이 2배씩 올라갔다. 이것이 혁신의 성공을 이끌었다. 모든 것을 다 하려다 보면 아무것도 잘하는 것이 없게 된다. 안 하는 사업이 없다는 것은 잘하는 것도 없다는 뜻이다. 이런 기업은 시장을 나눠 먹기밖에 못 한다. 혁신은 고객에게 좀 더 가까이 다가가려는 몸부림이다. 더 빨리, 더 가까이 다가가기 위해서는 기존의 방식을 버려야 한다.

2009년 삼성전자는 당시 가장 잘나가던 중국의 스마트폰 제조시설을 베트남으로 이전했다. 앞으로 있을 중국 제조환경의 악화를 미리 간파했기 때문이다. 당시만 해도 중국의 제조환경은 세계에서 가장 우수했는데도, 어떻게 이렇게 빨리 중국을 벗어났을까? 중국이 아닌 베트남을 미리 내다보는 혜안이 있었던 까닭이다. 이것이 삼성전자가 스마트폰 제조사업의 안정적인 환경을 만들어 낸 비결이다. 2012년부터 삼성전자는 베트남 공장에서 1억 대 이상의 휴대전화를 쏟아내기 시작했다. 이는 삼성과 비교해 중국에서의 제조 활동 이전이 늦었던 많은 기업과 비교되고 있다. 많은 기업이 중국에서 큰 어려움을 겪은 바 있다.

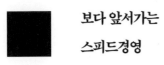

보다 앞서가는
스피드경영

삼성의 둘째 성공 비결은 기업가의 사람을 보는 눈에 있다. 사람을 보는 눈은 혁신의 스피드와 타이밍을 만들어 냈다. 삼성전자는 일본 반도체가 10년 걸어온 길을 5년 만에 되밟는 저력을 보였다. 미래 비전의 실행 주체는 사람이다. 혁신의 실천은 속도전이어야 한다. 보잉 747기도 이륙하려면 불과 몇 분 안에 1만 미터까지 올라가야 한다. 만약 그러지 못하면 추락하거나 공중폭발하고 만다.

미래를 향한 속도전에 실패하면 조직이 살아남기 어렵다. 이런 속도전을 위해서는 튼튼한 엔진이라 할 수 있는 조직역량organizational capability을 갖춰야 한다. 강한 조직역량이 미래를 보는 눈을 만나면 실행의 속도가 빨라진다. 이때 조직역량은 혁신을 빨리 실행해내는 힘의 크기가 된다. 혁신은 돈과 장비가 아니라 사람에게서 나온다. 삼성의 저력은 인재경영, 인재교육의 힘에 있다. 사람의 아이디어와 기술개발, 생산 속도가 비전을 현실로 만들어 내는 셈이다.

삼성전자의 반도체 성공 비결은 일본 전자업체들보다 한발 빠른 개발속도에, 한발 빠른 생산장비 투자에 있었다. 휴대전화를 스마트폰으로 전환하는 데도 그런 스피드경영이 힘이 되었다. 1983년 삼성의 반도체사업 선언과 동시에 정해진 삼성전자의 목표는 글로벌 반도체산업의 최강자 일본을 따라잡는 것이었다.

'첨단 반도체를 일본보다 먼저 개발하라'는 이건희 회장의 지시에 발맞춰 승승장구하는 삼성에 비해, 한때 세계를 호령한 파나소닉, 도시바, 샤프 등 일본의 반도체업체들은 삼성과의 경쟁에서 계속 밀리며, 반도체사업에서 철수하거나 대만 반도체업체에 회사를 매각하는 지경까지 이르렀다. 특히 삼성에 반도체 기술을 전수해준 샤프는 2016년 타이완의 홍하이에 매각되었다. 경쟁자보다 선제적으로 행동할 수 없으면 추격도, 선도기업이 되기도 어렵다. '빨리빨리proactiveness'는 기업가정신의 제1법칙이다. 혁신은 현재를 빨리 뒤집는 데서 탄생한다. 빠르면 혁신이 되고, 늦으면 비용이 된다.

1983년 반도체사업 시작 당시, 삼성전자는 미국, 일본과 10년 이상 격차가 났던 반도체 기술개발을 4년 정도로 단축하는, 획기적인 사건을 이루어내며 포효했다. 삼성전자의 연구개발진이 주야를 가리지 않고 몰두한 결과, 1992년 세계 최초로 64메가비트 D램을 성공적으로 개발해낼 수 있었다. 64메가 D램의 세계 최초 개발 이후 삼성전자는 1993년부터 메모리반도체 글로벌 1위 기업으로 성장했다. 이후에 이루어진 삼성전자의 속도경영은 혁신적인 차세대반도체의 개발속도에서 엿볼 수 있다. 1996년에 세계 최초로 256메가 D램, 2001년 512메가 D램, 2004년 2기가 D램을 연속해서 개발,

대한민국을 선진국으로 이끈 K-경영

출시함으로써 삼성전자는 경쟁회사들의 추격 의지를 꺾었다.

반도체는 특성상 진화와 혁신의 속도가 워낙 빠르다. 이 때문에 기업 간의 반도체 경쟁을 투자속도 싸움이라고 한다. 반도체공장을 건설하는 데는 통상 2년 이상이 소요된다. 그러나 삼성은 반도체공장 부지로 기흥 지역을 최종적으로 확정하면서 설계와 건설을 병행해 착공 6개월 만에 공장을 완공했다. 국내 반도체산업의 메카 '기흥 밸리'는 이렇게 탄생했다. 반도체 장비에 대한 투자도 일본 경쟁업체보다 늘 6개월 정도 빨랐다. 이것이 일본을 앞서는, 반도체 1등 회사를 만든 비결이다. 먼저 생산된 반도체는 고가로 시장에 팔리지만, 다른 경쟁자들이 이 제품을 생산하기 시작할라치면 반도체 가격은 폭락한다. 이는 일본 반도체가 생존하기 어렵게 된 이유가 되기도 했다.

2008년 당시 삼성은 애플이나 노키아 휴대전화와 비교해 기술과 연구개발 능력에서 열세였다. 그러나 이건희 회장은 미래에는 스마트폰이 대세가 되며, 그 시장이 급성장할 것으로 예상했다. 그래서 그는 모바일 부문의 모든 임원을 한자리에 소집해 최단기간에 제품 디자인과 성능, 품질, 가격 측면에서 최소한 애플과 동등하거나 그 이상인 스마트폰을 개발하라고 지시했다. 그렇지 않으면 삼성이 침몰할 수도 있다고 예감한 것이다.

삼성전자는 1988년 자체 개발 휴대전화(SH-100)를 출시한 이래

기술개발과 제품혁신을 거듭했으나 스마트폰 개발은 넘기 힘든 큰 산이나 다름없었다. 당시의 개발인력, 개발 경험, 엔지니어링 능력, 협력회사의 역량 등 회사 내외의 여건을 감안해보았을 때, 스마트폰은 매우 어렵고 도전적인 과제였다.

결국, 삼성전자는 2009년 4월 갤럭시(GT-1750)를 출시한 데 이어 2010년 6월 구글 안드로이드 OS를 탑재한 갤럭시S1을 개발, 출시하게 된다. 화질, 속도, 콘텐츠를 혁신한 탁월한 제품이었던 이 제품은 출시 7개월 만에 1천만 대가 판매되었다. 당시 앤디 루빈 구글 부사장은 갤럭시S를 '최고 중의 최고'라고 평가한 바 있다. 이러한 빠른 전환과 도전이 오늘날 삼성전자가 글로벌 스마트폰 분야에서 최고의 지위를 유지하는 힘이 되고 있다.

삼성은 왜 빠른가? 삼성의 스피드경영의 핵심은 부서장에게 주어지는 권한의 위양empowerment과 혁신을 수행할 수 있는 사람의 역량enablement, 그리고 기업가의 빠른 의사결정이다.

첫째, 권한 위양과 책임경영은 스피드를 끌어낸다. 권한 위양이 일어나지 않으면 전문적인 판단이 힘들고 조직은 성과를 거두기 어렵다. 독불장군식 상명하달 경영으로는 직원들의 열정을 끌어내기 힘들다. 의심하면서 일을 맡기면, 일을 맡은 사람의 장점을 살릴 수 없다. 삼성은 전문경영인을 영입해 '믿고 맡긴다는' 경영철학을 고수한다. 이것이 삼성의 책임경영제다. '의인물용 용인물의(疑人勿用 用人勿疑)'. 이는 '의심이 가는 사람은 고용하지 말고, 고용한 사람

대한민국을 선진국으로 이끈 K-경영

은 의심하지 말라'라는 뜻이다. 더 뜻풀이하면 '사람을 채용할 때는 신중에 신중을 기하되, 일단 채용했으면 대담하게 일을 맡겨라'라는 말쯤 되겠다.

둘째, 삼성의 속도경영은 기업가의 과감한 의사결정에서 발휘된다. 물론 기업가의 미래를 보는 눈이 있어야 할 것이다. 대규모 투자가 수반되고 리스크가 큰 신규 사업이나 프로젝트에 대한 의사결정을 과감하고 신속하게 내릴 수 있느냐가 관건이다. 대체로 서구와 일본의 기업들은 과학적이고 합리적인 분석을 통해 최적의 집단적 의사결정을 내린다. 물론 한국의 기업들도 프로젝트에 관한 사업 타당성 분석을 시행하지만, 그보다 최고경영자의 혜안과 통찰력에 많이 의존하는 특성을 보인다. 이는 삼성의 빠른 의사결정과 속도경영을 담보해주는 특성이라 하겠다.

 인재제일주의경영

'자기보다 현명한 인재를 모으고자 노력했던 사나이 여기 잠들다.'

_이병철 삼성 창업주의 용인 묘비명

기업은 사람의 역량이 모이는 곳이다. 사람의 능력은 무한하다. 이들의 능력을 개발하고, 이들이 능력을 발휘하도록 독려하는 곳이 기업이다. 피터 드러커에 의하면, 기업의 목적이란 평범한 사람들이 모여 비범한 성과를 만들어 내는 것이다. 이를 위해 삼성은 창업 초기부터 업스킬링upskilling과 리스킬링reskilling 교육 훈련을 시행하고 있다. 삼성은 인재를 가장 중요하게 생각하는 회사다. 호암 이병철은 창업 초기부터 사람이 사업을 좌우한다는 믿음을 가졌다. 기업이 성장하면서 호암은 '인재제일'의 경영이념을 확대 실천해 나갔다.

기업Company의 어원이라 할 수 있는 꼼파니아Compania는 스페인어다. 꼼파니아는 'com(함께)+ pan(빵)+ ia(공동체의 접미어)'의 복합어로 함께 빵을 만들고 나누는 공동체를 의미한다. 이처럼 기업이란 '함께 사람이 모여서 업을 추구하는 곳'이다. 기업 구성원은 일을 통해서 자신들의 업(業)을 추구한다. 전후 수십 년간 한국의 기업들이 지닌 자원은 너무나 빈약했다. 기업 내부적으로 자본, 기술, 생산설비 등 생산요소의 부족은 말할 것도 없고, 제품개발 경험 등 축적된 자산도 거의 없는 상태였다. 오직 기댈 것은 사람밖에 없었다. 그나마 다행스럽게도 기업들은 근면하고 성실한 인적 자원을 보유하고 있었다. 이런 직원들에게 투자하고 그들을 육성하는 것이 유일한 기업경영 전략이자 방안이었다.

삼성은 사람을 어떻게 키우고 있는가? 삼성종합기술원 로비 벽면에 걸려 있는 '무한탐구(無限探究)'라는 휘호가 대신 말해준다.

'기술을 지배하는 자가 세상을 지배하고 그 기술은 사람에게서 나온다.' 삼성의 인재 철학이다. 삼성에는 인재개발부원장만 직책이 있다. 인력개발원장은 회장이고, 회장이 직접 인재육성을 담당하고 있다는 뜻이다. 삼성의 경영철학의 핵심은 사업보국과 인재제일이다. 창업주 이병철 회장은 "나는 '기업은 사람'이라는 경영이념을 실천해왔다. 40여 년에 이르는 기업 생활의 80%는 인재를 모으고 교육하는 데 들어갔다"고 말했다.

후계자 이건희 회장 역시 인재제일 철학이 확고했다. "인재 한 명이 십만 명을 먹여 살린다"라고 강조하면서, 삼성 주요 계열사 CEO들에게 직접 국내외로 뛰어다니면서 인재를 발굴하라고 독려할 정도였다. 심지어 사장단 업적평가의 30% 이상을 인재 확보에 배정하기도 했다. 이건희 회장의 인재중시 경영의 핵심은 긍정적이고 진취적인 사고방식, 뛰어난 창의성, 말보다 행동 우선, 그리고 어떠한 상황에도 굴하지 않는 도전정신을 지닌 인재로 키우는 것이었다.

오늘날 삼성전자가 초일류 글로벌 선두기업으로 자리매김하는 데는 이와 같은 삼성의 인재제일 철학이 가장 큰 영향을 미쳤다고 판단된다. 인재제일 철학은 혁신의 기반이다. 기술도, 미래도 모두 인재에서 비롯된다. 삼성 초격차의 비결은 인사의 파괴적 혁신이다. 일류가 살아남고 일류가 대우받는 조직문화. 단순하고도 분명한 삼성 초일류 인재경영의 비밀이다.

파격적인 대우를 받는 삼성의 전문경영인은 별 중의 별이다. '삼성전자에서 CEO를 하면 3대가 먹고 산다'라는 말이 있을 정도다. 삼성의 '핵심인재 경영론'은 IT산업 후발 주자로서 기술이 약했던 삼성이 최고의 기술을 가진 핵심인재를 뽑아오는 방식으로, 먼저 사람에 대한 혁신을 추진한 데서 유래했다.

또한, 학벌주의, 파벌주의, 정실주의를 혁파해 철저한 성과주의를 바탕으로 핵심인재를 양성했다. 삼성은 핵심인재를 S급Super, A급Ace, H급High Potential으로 구별해 같은 직급일지라도 연봉이 4배까지 차이가 나도록 인사 구조를 개편했다. 인재제일 철학은 입도, 마음만도 아닌 파격적 보상, 초일류 대우로 증명된다. S급 인재는 CEO보다 더 높은 연봉과 대우를 받으면서 핵심기술개발이나 프로젝트에 참여할 기회와 자격을 부여받는다.

회사에는 개방화된 조직문화에 걸맞게 국적, 성별, 인종을 떠나 다양한 색깔의 인재들이 모여든다. 그들은 열정과 몰입을 통해 새로운 아이디어와 가치를 창출한다. 기업(企業)의 한자어는 '人(사람 인) + 止(멈출 지) + 業(일 업)'의 복합어다. '사람이 떠나면 일은 멈추고 만다'라는 의미다. 삼성은 확보한 인재도 이탈하지 않고 맡은 바일에 몰입할 수 있도록 관심을 쏟고 있다. 그래서 핵심인재 보유율이 세계 최고 수준이다. 삼성전자의 핵심인재 이탈률은 2%에 불과하다.

업(業)의 본질

　　기업가는 업에 대한 그림을 그리고 업을 기획하는 사람이다. 업의 기획이란 미래를 상상하고 방향을 관리하는 것이다. 기업가가 현장 직원들과 열심히 뛰기만 한다면 기업의 방향 관리는 엉망이 된다. 기업가는 미래를 보는 눈을 가져야 한다. 이건희 회장은 미래를 내다보고 그것을 기업 비전으로 만드는 데 탁월한 능력을 보여주었다. 끊임없이 꿈을 만들어 내고 이를 실현한 기업가다. 혁신은 기업의 미래 비전과 현장의 실천이 만나 실현된다. 기업가-경영자-현장의 시너지 경영이 이루어져야 하는 이유다. '기업가는 미래와 싸움에 초점을 두고, 경영자는 조직구성원들을 이 방향으로 이끌어가고, 현장은 이 도전을 사업기회로 만들어갈 때 기업에는 혁신과 진화가 일어날 수 있다.'

　　이건희 회장의 화두는 업의 본질이었다. 업의 본질에서 마케팅 경쟁력이 나온다고 보았다. 기업이란 사람이 모여서 업을 수행하는 곳이다. 업이란 단순히 일 그 자체가 아니다. 일의 중요한 의미나 가치mission를 일컫는다. 업의 본질은 고객이 느끼는 가치제안value proposition 자체이고, 기업이 사회에 존재하는 미션이다. 기업의 미션은, 고객과의 약속이다. 미션은 기업이 창조하는 시장가치다. 기업의 마케팅은 가치선언에서 시작해야 한다. 고객 쪽에서 본, 업의 본질이란 '왜 이 제품을 사야 하는가value creation?'라는 것이고, 기업 쪽에서 본, 업의 본질은 '고객에게 사야 할 이유를 제안하는 것'이다.

삼성전자가 가전제품 회사에서 컴퓨터회사로 전환할 때, 삼성전자의 업의 본질은 건어물 장사에서 생선 장사로 바뀐다. 컴퓨터는 싱싱한 생물일 때 가치가 있고, 시간이 지나면 기능의 진부화가 빠르고 재고는 곧 비용으로 남는다. 시간이 지날수록 생선이 부패하는 것처럼 컴퓨터 재고는 곧 가치급락과 기업비용으로 이어진다. 이 업의 본질이 삼성전자가 반도체 회사로 도약하도록 이끌었다. 업의 본질에 대한 이러한 정의가 오늘날 세계적인 삼성전자의 마케팅 경쟁력을 만들었다.

기업이 비즈니스 모델을 바꾸게 되면 사명을 'Hit Refresh(새로고침을 눌러라)' 해야 한다. 세상의 변화에 따라 업을 업데이트하는 것이다. 피터 드러커는 미션을 한 번씩 0점에 놓고 업의 본질의 변화를 고민해보아야 한다고 제안했다. 특히 전환기일수록 고객과 사회의 요구가 달라지기 때문이다. 삼성전자는 업의 본질을 '새로 고침' 함으로써 새로운 재전성기를 누려가고 있다.

또한, 업은 기업의 한정된 자원을 효율적으로 사용하도록 도와준다. 업의 정의와 사명이 명확할수록 자원은 효율적으로 사용될 수 있다. 반도체는 스피드, 종합상사는 정보, 유통과 호텔은 입지를 특징으로 한다. 업의 본질에 따라, 이 업을 수행하는 직원들의 행동 기준도 명확해질뿐더러 경영의 근원인 돈과 자원도 업의 본질에 집중할 수 있다.

현대자동차

"해보기나 했어?" 창조와 혁신을 통한 도전정신

왜 K-경영을 말하면
현대차그룹을 떠올리게 되는가?

기업가정신을 이야기할 때 빼놓을 수 없는 주제는 '창조와 혁신'일 것이다. 또한, 한국의 기업을 이야기할 때는 무에서 유를 창조하는 '도전정신'을 전 세대로부터 유산으로 물려받았다고 이야기하곤 한다. 미래의 디지털 모빌리티 기업을 꿈꾸는 현대차그룹을 설명하는 데 있어서 '창조와 혁신을 통한 도전정신'을 빼놓을 수 없을 것이다. 한국 자동차산업의 과거와 현재 그리고 미래가 현대차그룹의 역사이기 때문이다. 현재 그리고 미래의 비전이라고 할 만큼 현대차그룹의 비중과 역할은 절대적이라고 할 수 있다.

또한, 현대차그룹을 이야기할 때는 1940년에 아도서비스 자동차

정비공장을 설립한 창업자 고 정주영 회장을 빼놓을 수 없다. 그리고 세계 자동차 시장에 확실히 자리매김한 글로벌 브랜드로 현대차의 위상을 확보한 정몽구 명예회장도 빼놓을 수 없을 것이다.

불확실성에 대한 도전정신

정주영 회장은 1940년 당시 동네 카센터 수준이던 아도서비스를 3,500원에 인수해 자동차정비사업에 뛰어들었다. 그리고 1947년에는 현대토건사를 설립, 현대건설의 기반을 마련했다. 1955년 5월에는 미군 지프를 재생해서 만든 시발자동차를 처음으로 생산해 시장에 내놓았다. 거기에 그치지 않고 1962년에는 새나라자동차를 일본 닛산의 블루버드를 부분 조립SKD : Semi Knock-Down하는 방식으로 생산해냈다. 이때까지도 한국의 자동차산업은 겨우 첫걸음마를 뗀 수준이었다. 그러나 정주영 회장은 1967년 12월 29일 현대모타주식회사로 회사 이름을 바꾸고, 본격적으로 한국의 자동차산업을 일으켜 세우겠다며 불확실성에 도전장을 내밀었다.

적극적인 국제화 전략 추진

경영활동은 본질적으로 이윤 동기에 의해서 이루어지지만, 전제로 생산과 시장의 문제를 해결해야 한다. 생산에는 인력을 포함해 기술과 자원 등의 생산요소가 있어야 하고, 시장에는 소비자와 구매력이 있어야 한다. 인력과 기술, 자원의 부족이라는, 생산요소의 문제를 안고 있던 현대차는 일본의 자동차 기업들을 철저하게 벤치마킹하기 시작했다. 당시 기획을 담당했던 박병재 씨는 1년에 50여 차례 일본의 미쓰비시자동차 등을 방문했다고 한다. 하지만 공장 사진을 찍을 수 없었기 때문에, '눈을 카메라, 머릿속을 메모리칩 삼아 일본 업체를 모방했다'[1]라고 회고했다. 다음으로 시장의 문제는 국제화에서 해결책을 찾으려고 했다. 협소한 국내 자동차 시장의 한계를 벗어나고자 현대차는 사업 초기부터 국제화 전략을 적극적으로 추진했다. 그리고 1976년에는 현대차 고유모델인 포니를 에콰도르에 처음 수출하기도 했다. 1986년에는 자동차의 본고장이라 할 수 있는 미국에 자동차(모델명 엑셀)를 수출하기 위해 'X카' 프로젝트를 진행했다. 이러한 노력의 결과로 1980년대 중반 대미수출을 개시하게 되었으며, 수출이 1988년 60만 대 수준까지 높아지기도 했다.

1990년대 이후로 세계자동차업계는 '자동차 대중화 시대 motorization'를 맞이하게 된다. 그로 인해 가격경쟁이 치열해졌고, 규모의 경제를 위해 BMW는 Rover를 인수(1994년), 다임러벤츠-크라이슬러는 합병(1998년), 르노는 닛산 인수(1999년)에 돌입하게 된

---

1) 채영석, "통계로 본 한국자동차 50년사," Global Auto News, 2005.5.18. 기사 내용

다. 이렇게 경쟁사들의 덩치가 커지는 데 반해 현대차를 비롯한 국내 자동차업체들은 이 시기에 내수시장마저도 부진해 정체기를 맞고 있었다. 그럼에도 불구하고 현대차 수출은 꾸준히 증가해 1996년에 처음으로 100만 대를 돌파했으며, 한국은 일본, 프랑스, 독일, 스페인에 이어 자동차 수출 5위국의 입지를 다지게 되었다.

현지화 전략으로서 생산-조달-시장의 글로벌화

현대차그룹의 창업에 정주영 회장이 있었다면, 현대차그룹의 글로벌화에는 정몽구 회장이 있다. 현대차는 자체 개발한 모델의 수출, 해외공장 건설, 해외 R&D센터 설립 등을 통해 가장 활발하게 글로벌화를 추진하고 있다. 1997년에 0.5%에 그쳤던 해외생산 비중은 2006년에 35.5%로 상승했는데, 인도, 중국, 미국 등지에 잇따라 공장을 건설했기 때문이었다. 2007년 10월에는 첸나이에 제2공장이 건설되고, 2009년에 체코 공장이 완공되면서 해외 생산능력은 190만 대가 되었다.

정몽구 회장이 취임한 지 10주년이 되는 2010년에는 현대차가 미국 포드를 제치고 글로벌 생산량 5위에 올랐다. 여기에는 지속적인 해외직접투자를 통해 해외생산 비중을 높이고, 연구개발-판매-생산 순으로 글로벌화를 진행한, 정몽구 회장의 통찰력이 있었다고 하겠다. 또한, 글로벌 가치 사슬을 통해서 해외생산거점을 국가와 국가 사이에 연결한 것이 경쟁력의 원천이 되고 있다. 2006년 해외 생산은 100만 대를 넘어서게 되고, 해외생산 공장도 미국, 중국, 인도, 터키, 슬로바키아 등으로 확대되었다.

현대차그룹의 글로벌화 전략은 단지 생산의 글로벌화global production에만 국한되지 않는다. 해외조달 확대라는 글로벌 소싱global sourcing을 병행해 생산 및 조달비용을 낮춤으로써 경쟁력을 확보하고 있다. 그리고 이에 따라서, 시장의 글로벌화global market가 자연스럽게 가속화되어 생산-조달-시장이란 3가지 면의 글로벌화가 동시에 진행되었다. 그 결과, 현대자동차의 전체 판매에서 해외 판매가 차지하는 비중은 2001년에 64.2%에서 2006년에는 78.4%, 그리고 2020년에는 84%에 이르고 있다.

현대차 경영의 성공 요인

안주보다 변화를 선택

정주영 회장의 성공 요인으로는 익숙하고 적응된 환경에 안주하기보다 가능성을 보고 변화를 선택한 것을 꼽을 수 있다. 농부의 아들로 태어났으나 농업을 계승하지 않고, 도시로 나감으로써 환경을 농촌에서 도시로 바꾼 것이 그 하나다. 그리고 동시에 농업에서 부가가치가 높은 상업으로 직업을 변경한 것을 들 수 있다. 정 회장은 도시에서 부두노동자, 건설잡부, 제과공장 견습공, 쌀 도매상 배달원 등의 직업을 거치면서 상업에 대한 경험을 쌓게 된다. 그리고 그 과정에서 환경변화를 통한 기회의 창출과 근로의 부가가치를 높이는 일의 중요성을 깨닫게 된다. 그는 해방 이후의 격변기를 맞아 자동차 수리공장과 건설업에 진입해 또다시 변화를 시도했다.

이러한 변화의 선택 과정에는 불확실성에 노출되는 위험요인이 존재하기도 한다. 하지만 그는 성장의 기회를 확보함과 동시에 다각화를 통해 경험을 쌓고 기술을 습득함으로써 위험을 관리할 수 있는 내적역량을 다질 수 있게 되었다. 이러한 위험 관리 역량이 뒷받침되었기 때문에, 1964년에는 해외차관자금으로 단양 시멘트공장을 세울 수 있었다. 이후 더 큰 프로젝트에 참여하는 기회 또한 얻게 되었다.

압축성장의 원동력 "해보기나 했어?"

글로벌시장에서의 현대차의 빠른 성장에 대해 〈타임〉지는 2005년 4월 판에서 "현대차는 1999년 이후 전 세계에서 가장 빠르게 성장한 자동차업체"라고 평가하기도 했다. 현대차그룹의 근간이 되는 현대건설과 현대자동차를 결합한 현대의 정신은 "해보기나 했어?"라고 말할 수 있을 것이다. 1980년대 현대건설이 폐유조선을 이용해 서산방조제 물막이공사를 성공시킨 사례나 현대자동차 미국 현지법인을 설립한 것 등은 그 이전에 어떤 한국의 기업도 이뤄낸 선례가 없는 사건이었다. 따라서 이는 현대차그룹이 "해보기나 했어?"의 정신으로 가능성을 현실로 만들어 낸 결과라 하겠다. 아시아 경제위기가 닥친 1998년에는 국내 자동차 시장의 정체 속에서도 세계 자동차 시장에서 진행되고 있던 주요 자동차회사들 사이의 인수합병 흐름을 읽고 기아자동차 인수라는 도전에 나섰고 결국은 현대-기아차 인수합병에 성공했다.

또한, 소양강댐을 건설할 때는 일본의 세계적인 댐 기술자인 구보다가 일본의 철근과 콘크리트를 팔아먹기 위해 중력댐(콘크리트댐)을 짓자고 제안을 했다. 그러나 정주영 회장은 건설사 경험을 토대로 강원도의 흙, 자갈, 모래를 사용한 사력댐이 경제적인 면에서 30%의 비용이 절감되어 유리하다고 판단했다. 당시, 경제부총리마저 사력댐이 성공하면 손에 장을 지지겠다고 공개적으로 발언하고 다녔음에도, 정주영 회장은 자신의 건설 경험과 기술력을 기반으로 사력댐 건설을 성공시켰다.

다르게 보는 힘이 통찰력이다

1975년 박정희 대통령과 정주영 회장 사이의 일화[2]는 문제를 해결하고자 하는 그의 통찰력을 알 수 있는 대목이다. 당시 박정희 대통령은 그에게 "석유파동으로 유가가 올라 지금 중동 국가들이 벌어들인 달러를 주체하지 못한답니다. 그 돈으로 사회 인프라를 건설하고 싶어 우리나라에 건설 사업 참여 의사를 타진해 왔습니다. 그런데 현장 조사차 보낸 공무원들이 돌아와서 한다는 이야기가 너무 더워서 낮에는 일할 수 없을뿐더러, 공사에 절대적으로 필요한 물도 없어 건설 공사를 시도할 수 없는 나라라고 합니다. 안 된다는 이야기만 늘어놓아요. 정 회장이 상황을 한번 봐주시오. 만약 정 회장도 안 된다고 하면, 나도 포기하지요"라고 말했다고 한다. 그 말을 듣고 급히 사우디에 갔다 온 정 회장은 5일 만에 청와대에 들어가 이렇게 보고했다고 한다.

"지성이면 감천이라더니, 하늘이 우리나라를 돕는 것 같습니다. 중동은 이 세상에서 건설 공사를 하기에 제일 좋은 지역입니다. 1년 열두 달 비가 오지 않으니 1년 내내 공사할 수 있습니다. 건설에 필요한 모래, 자갈을 현장에서 바로 구할 수 있으니 자재 조달도 쉽고요."

---

2) "정주영 회장에게 사막은 '地上 최고의 공사장'이었다", 2013. 3. 28. 〈조선일보〉 기사 내용 참조

대한민국을 선진국으로 이끈 K-경영

"물은요?"

"그거야 어디서 실어오면 되고요."

"50도나 되는 더위는요?"

"정 더울 때는 천막을 쳐서 낮에는 자고 밤에 일하면 되지 않겠습니까?"

뜨거운 햇살이 공무원들에겐 건설 불가능의 조건이었으나, 문제해결 과정에서 남들이 보지 못하는 기회 요인을 찾아내는 정주영 회장의 통찰력이 얼마나 탁월했는지 알게 해주는 일화다. 또한, 1952년 겨울에 미군이 아이젠하워 대통령 당선인의 부산 UN묘지 방문을 준비하면서 푸른 잔디 묘역을 주문하자, 겨울에도 새파란 청보리를 이식해 문제를 해결했다는 일화도 있다. 이런 통찰력은 기본적으로 현상을 문제해결적 시각에서 바라보는 능력에서 나온다고 하겠다.

시간경쟁력 확보를 위한 통찰력의 발휘

한국의 경영에서 '시간'은 중요한 경영자원에다 경쟁력의 원천이 되었다. 포항제철의 일관제철소 건설에도, 삼성의 반도체 생산라인 건설에도, 그리고 현대-기아차의 신공장 건축에도 공통으로 '세계에서 유례를 찾아볼 수 없는, 빠른 공기 단축'이라는 '돌관공사'가 있었다. 현대차그룹은 시간경쟁력 확보를 위해서 단지 목표에 집중하고 조직을 몰아붙이는 것만으로는 부족하다는 것을 간파했다. 이런 통찰력에 새로운 방법과 접근법을 제시하는 경영자의 역량이 더해졌기 때문에 지금의 위치에 올라설 수 있었던 셈이다.

현대차가 역사를 만드는 비결은?
"시대의 흐름을 읽는다"

현대차그룹이 GM, 포드, 도요타, 르노닛산, 폭스바겐vw, 다임러크라이슬러, 푸조에 이어 8대 메이커로 성장하는 데는 정몽구 회장의 글로벌 전략이 함께했다. 정몽구 회장은 미국에서 '신차구매 후 5년, 5만 마일 미만인 경우, 엔진과 트랜스미션에 문제가 발생할 시 무상교환'이라는 프로그램을 통해 '현대'라는 브랜드를 상위 세분 시장으로 업그레이딩 하는 데 성공했다고 할 수 있다. 이는 변화가 필요한 시점 또는 전체적인 부문 간 조율이 필요할 때, 실제로는 조직이 변화하고 조율이 이루어지기가 어려워 시기를 놓치기 쉬운 부분이다. 그러나 현대차그룹에는 정몽구 회장의 리더십과 조직장악력이 있어서 이것이 가능했다고 말할 수 있을 것이다.

'현다이Hyundai는 한다이'에서 '파괴적 혁신 주도'로

자동차산업은 생산과 고용에 있어 매우 큰 비중을 차지하고 있는 국가의 핵심 산업이다. 국내 자동차산업의 생산액은 2016년에 제조업의 13.9%(197조 원)를 차지하며 정점을 이루다가 2018년에는 12%를 유지하고 있다. 또한, 전후방 파급효과가 큰 자동차산업은 전국적으로 직접 종사 근로자만 40만 명이란 고용 실적을 올리고 있다. 지역경제에 미치는 연관 효과까지 고려한다면, GM이나 쌍용자동차의 경영악화는 물론이고 현대-기아차가 노동생산성과 노사문제로 국내 생산 비중을 점점 줄이는 것은 바람직하지 못한 일이다.

과거 현대차의 정신은 '현다이Hyundai는 한다이~'였다고 하는데, 지금은 '하면 된다'라는 정신만으로는 부족한 시대다. 대신 미래 시장의 흐름을 읽고 혁신을 통해 변화를 주도해야 한다. 디지털전환 Digital Transformation 시대를 맞이해, 모빌리티 산업은 내연기관 중심에서 자율주행과 친환경 기관으로 변화하고 있다. 이에 경쟁기업들을 모방하고 단지 시대 흐름을 따라가던 '캐치업catch-up 전략'에서, 시대를 앞서 파괴적 혁신을 선도하는 '트레일블레이저trailblazer 전략'으로의 변화가 필요한 시점이라 하겠다.

자원순환형 사업구조

현대차그룹은 한국형 대기업의 사업구조특성과 글로벌경영전략을 결합해 2006년부터 2011년까지 현대차그룹만의 자원순환형 사업구조를 구축하는 데 성공했다. 이는 자동차 제조업 분야에서의 경쟁력의 원천이 되고 있다. 이로써 현대차그룹은 현대제철의 일관제철소 준공을 시작으로 슬로바키아, 체코, 인도, 중국, 미국 등에서 공장을 가동하고 있다.

현재 중국과 미국의 자동차 시장은 코로나19로 인한 경기침체에 따라 자동차 대기수요가 증가하는 상황이다. 이에 따라 회복기에 시장수요와 고객 대응의 선점이 향후 자동차 시장의 판도를 바꿀 것으로 보고 있다.[3] 현대차그룹의 글로벌 전략을 기반으로 하는 자원순환형 사업구조는 코로나19와 같은 돌발사태가 발생해 예상치 못한 록다운lock-down으로 글로벌 가치 사슬이 제대로 작동하지 못할 때, 내부화를 통한 위기관리에서 탁월한 능력을 보여주었다. 또한, 현지화를 통해 생산, 유통거점을 고객 주변에 배치해 부품조달 및 유지서비스를 받게 해줌으로써, 고객들의 신뢰를 유지할 수 있었다. 이를 통해 경제회복기에 시장복구를 위한 회복력resilience에서 경쟁우위를 확보할 것으로 전망하고 있다.

---

3) 산업연구원, 중국산업경제브리프, 2020년 5월, 통권 71호

차와 함께하는 문화생활

현대차그룹의 성장사를 보면, 경제 전반이 어렵고 위기라고 할 때 시련을 기회로 돌파하는 승부사의 모습을 보여주었다. 아시아 금융위기 속에서 국내외 시장환경이 어려워지는 가운데에서도 규모의 경제를 창출하고자 1998년에 기아자동차를 인수하고, 인도 첸나이 공장을 준공한 것이 그 하나일 것이다. 2000년에는 현대차그룹을 출범시켜 현대정공, 인천제철, 현대캐피탈 등 10개사로 구성된 자동차 전문그룹을 이룸으로써 경쟁력 강화의 계기를 마련했다. 2001년에는 현대파워텍을 설립함으로써 국내 최초의 자동변속기 기업을 출범했다. 그리고 미래의 글로벌 물류 규모 확대에 효율적으로 대응하고 물류경쟁력 강화를 주도하고자 현대글로비스를 설립했다.

이렇게 자동차산업을 중심으로 계열화integration를 이룬 현대차그룹은 사업기회를 단지 자동차를 생산하고, 판매하고 유통하는 데 한정하지 않고, 사업 범위를 '차와 함께하는 문화생활'로 확장하고 있다. 현대캐피탈과 현대카드를 현대자동차그룹에 편입시키고, 해비치호텔 & 리조트를 운영하는 것이 그 한 예일 것이다. 이에 대해 순환출자에 의한 지배구조 확보를 위해 비관련 다각화를 시도했다는 비판적 시각도 존재한다. 하지만 미래의 사업영역을 '차와 함께하는 문화생활'로 정립하고, 제조업 중심에서 서비스업으로 사업을 확장하기 위한 인프라를 구축한다는 맥락에서 이해될 수 있는 부분이라고 하겠다.

글로벌 모빌리티 네트워크

1976년 7월 현대자동차가 고유모델 포니 6대를 에콰도르에 처음 수출한 이래, 현대-기아자동차는 중국과 브라질 공장 준공으로 글로벌 생산체제를 강화했고, 2015년에는 현대종합특수강을 합류시킴으로써 자동차 생산 분야의 글로벌 네트워크를 구축했다. 이후 현대자동차는 '제네시스' 브랜드를 통해 고급화 전략을 추진하며, 2015년 제네시스 EQ900을 미국 시장에 진출시키는 데 성공했다.

하지만 이러한 과거의 도전만으로는 미래를 대비할 수 없다. 미래의 자동차 시장은 자율주행과 친환경 자동차를 중심으로 한 디지털 모빌리티로 재편될 것이기 때문이다. 그러므로 변화의 흐름을 주도할 수 있는 제품개발과 시장진입이 필요한 시점이다.

현대차그룹은 2016년에는 친환경 전용 모델인 아이오닉과 기아자동차의 니로를 출시해 성공적으로 미국을 비롯한 주요시장에 진입시켰다. 성장하는 전기차 시장에 대응하기 위해 2021년 아이오닉 5를 시작으로 전기차 라인업을 확대하고, 전기차 전용 플랫폼인 E-GMP를 기반으로 한 전기차를 시장에 적극적으로 공급해 2025년까지는 파생모델 포함 12개 이상의 모델을 출시할 계획이다. 그리고 2040년까지 핵심시장 전 라인업 전동화를 추진하고, 전기차 시장점유율 10%를 확보하겠다는 목표를 세워놓고 있다.

제네시스 역시 2021년 전용 전기차 모델을 출시했으며, 향후의 제네시스 전동화 계획을 검토하고 있다. 먼저, 고급라인의 전동화 모델을 투입해 럭셔리 친환경 차 이미지를 구축해야 할 것이다. 이후 드론기술과 결합한 PAV Personal Aviation Vehicle 시대를 어떻게 주도하느냐에 현대차그룹의 미래가 달려있다.

SK

행복경영의 철학, 실행의 프로세스, 참여로 소통

위기에 더 강해지는
K-경영의 비밀공식을 배워라!

　한국적 경영, K-경영을 심도 있게 이해하고 벤치마
킹하겠다는 세계 기업들의 욕구가 높아지고 있다. K-경영은 서구
식 경영과 일본식 경영방식, 그리고 한국 고유의 정서까지 합친 비
빔밥에 비유할 수 있다. 여기에는 강력한 리더십과 빠른 조직력, 그
리고 진한 정서적 연대, 서구의 경영이론 등이 혼합되어 있다. 이를
기반으로 재빨리 미래를 예측해 혁신하고, 시장을 과감하게 공격
하고, 상하가 끈끈하게 뭉쳐 협업하는 강점을 발휘해왔다.

　이 같은 강점이 때론 약점으로 작용한 것도 사실이다. 진취성이
지나쳐 무모한 확장으로, 끈끈한 연대는 유착으로, 효율성은 지나
친 통제로 기울면서 문제가 되었고, 성공공식이 몰락의 원인이 되

기도 했다.

이제 한국식 경영에 대한 일방적 칭찬이나 매도보다는 다각도의 분석을 통해 새로운 지향점과 성공공식을 살펴보는 것도 의미가 있을 것이다.

SK는 1950년대 '선경직물'이라는 중소기업에서 출발, 60여 년 만에 재계 3위, 자산총액 약 226조 원의 기업으로 성장했다.

한국기업계에서 꼽는 SK그룹의 차별성은 학습과 토론 중시, 따로 또 같이의 자율적 경영, 미래를 향한 시대 어젠다의 선두 제시 등이다. 지식경영, 사회적 기업, 사회적 가치 추구, 행복경영, ESG 경영 등과 같은 시대 어젠다를 먼저 제시하고, 기업의 측면에서 이를 적용, 발전시키는 선순환 모델을 보여 왔다.

이 같은 성장과 평판의 바탕에는 SK의 경영헌법이라 불리는 SKMS SK Management System의 작용이 있었다. SK-경영의 키워드는 P, 플랫폼이다. 지식이든, 행복이든, 소통이든 지배력보다는 영향력을 확장해 나가는, 따뜻한 중심이 되고자 한다. 행복경영이란 분명한 목적의 경영철학Purpose과 수펙스Super Excellent한 목표를 위한 프로세스의 실행Process, 그리고 구성원의 참여Participation인 3P를 추구하는 경영이다.

대한민국을 선진국으로 이끈 K-경영

Purpose:
행복을 목적함수로 하라

"경영의 목적은 무엇인가? 정명(正名)이다."

2,500년 전, 공자에게 제자 자로가 질문한다. "선생님께서 리더가 된다면, 무엇을 제일 먼저 하시겠습니까?" 공자는 "정명(正名), 즉 명칭과 명분을 바로잡겠다"라고 답한다. (《논어》) 명칭과 명분의 한 방향으로의 정렬과 공유가 중요하다는 이야기다. 경영의 구루, 피터 드러커는 "경영은 오케스트라 지휘와 같다"라고 말한다. 다른 악기를 연주하되 같은 악보를 보아야 한다는 점에서다. 기업의 존재 이유와 역할이 분명한 목적경영 기업이 경쟁력을 가지고 지속 가능한 경영을 해나갈 수 있는 셈이다.

목적, 명분, 용어를 한 방향으로 정렬할 때 조직은 총합 이상의 시너지를 낸다. 기업이 목적함수, 기업의 존재 이유를 분명히 문서화해서 천명하는 경우는 드물다. SK는 기업 목적을 행복경영으로 명시하고 있다. SKMS 13차(2019년), 14차(2020년) 개정 때부터 구성원의 행복 추구를 목적함수로 아예 못 박아놓았다. 구성원엔 회사의 임직원뿐만 아니라 모든 이해관계자가 포괄된다고 밝혔다.

이해관계자를 행복하게 하라

많은 기업이 구성원들을 위한 행복경영을 구호로 내세운다. 유행처럼 시도했다가 중도에서 좌절하기도 한다. 두 요소가 상반된다며 행복경영은 위선적이거나 비현실적인 구호라며 무시하기도 한다. 행복경영에 대한 일반의 오해는 두 가지다.

첫 번째는 상극적 요소, 즉 배치되는 요소로 본다는 점이다. 기업은 이윤 극대화를 통한 성과 창출이 기본적 존재 이유인데, 기업에서 '행복 추구'라니 얼마나 배부른 말인가, 하는 비아냥거림 내지, 의구심이다. 두 번째 오해는 구성원을 행복하게 하면 무조건 성과가 난다고 보는 낙관적 믿음이다. 이는 행복을 요구 만족으로 보는 오해에서 발생한다. 만족은 회사가 나에게 어떻게 해주느냐에 대한 수동적인 반응이다. 갈수록 혜택이 세지고 커져야 행복도가 유지되는 만큼 불협화음이 높아질 가능성이 크다. 이 같은 만족은 긍정적 분위기의 직장을 만드는 데 기여하지만, 만족이 곧 성과로 연결되는 것은 아니다.

기업에서 말하는 행복경영은 만족이나 추상적 슬로건이 아닌, 일과 조직몰입 내지, 공동체선 추구가 더 정확한 의미라 할 수 있다. 진정한 의미의 행복과 성과는 상관관계이지, 상극의 인과관계가 아니다. 최태원 회장은 구성원들과 100여 회에 걸쳐 가진 타운홀 방식의 '행복 토크'에서 구성원 전체의 행복 추구를 주사위 던지기에 비유해 설명했다.

"주사위를 몇 번 던지면 특정 숫자가 아예 안 나올 가능성도 있습니다. 수없이 많이 던지면 결국 각 숫자가 나올 확률은 6분의 1로 올라갑니다. 같은 맥락에서, 전체의 행복을 추구하다 보면 처음에는 개인의 행복이 낮아질 수도 있겠지요. 하지만 지속해서 추구하면 결국 개인의 행복은 올라갈 수밖에 없습니다."

특정 숫자란 개인의 행복 요구치를 뜻한다. 횟수의 반복, 시간의 축적에 따라 이것이 행복 만족치에 가까워져 간다는 이야기인 셈이다. 행복경영은 방향이고 목적지이고 진행형이지, 완료형이나 도착지가 아니다. 방향 설정은 분명히 하되 축적의 힘이 필요한 셈이다. 이는 이해관계자 모두가 행복해져야 한다는 이타주의적 행복의 확장론으로 발전한다. SK식 행복경영은 구성원의 행복은 물론, 우리가 속한 사회의 행복 총량을 함께 키우는 것이다.

오래가려면 함께 가라. 이해관계자도 함께 행복하게 하라
행복경영을 현실에 적용, 실행하려면 어떻게 해야 할까. 그 방법론 못지않게 중요한 것은 왜 하느냐는, 기업경영과의 합목적성이다. SK에선 목적함수로 행복경영을 천명하고, 이해관계자의 행복, 사

회적 가치를 시급하고도 중요한 목적으로 추구하는 이유를 이렇게 말한다.

"과거에는 경제적 가치 창출만으로도 고객의 지지를 받고 사회로부터 존재 가치를 인정받을 수 있었습니다. 그러나 이제는 경제적 가치뿐만 아니라 고객과 사회가 요구하는 여러 가치를 충족시켜야만 기업의 지속적인 성장과 생존을 이뤄나갈 수 있습니다. 행복이 지속 가능하려면, 우리가 속한 사회와 이해관계자의 행복 역시 지속 가능할 수 있도록 해야 합니다. 이를 위해 SK가 이해관계자의 행복을 위해 창출하는 모든 가치를 사회적 가치로 정의하고 적극적으로 추구해야 합니다."

행복경영, 좀 더 넓혀 사회적 가치의 중시는 한국 기업사에서 낯선 것이 아니다. 창업자 1세대의 이념이었던 사업보국과도 맥이 닿는 가치다. 사업을 일으켜 나라에 이바지하겠다는 창업자세대의 대의명분이 범사회적 가치에 기여하겠다는 소명으로 좀 더 발전되었다고 할 수 있다.

SK의 행복경영, 이해관계자의 행복 추구 명시는 '착한 기업'이 되자는 한가롭고 교과서적인 도덕주의의 선언만은 아니다. 지속 가능 경영을 위한 절박한 생존의 명제다. 가치경영이 아닌 수치경영만으로 승자독식을 추진하다 보면 적을 만들며 좌초하기 쉽다.

가치경영으로 함께 생태계의 중심이 될 때 기업은 지속가능경영을 이어갈 수 있을 것이다.

SK 내부 구성원의 행복 추구, 모든 이해관계자와의 행복 공유란 이타주의적 목적은 경제적 가치로도 점차 이어지고 있다. 기존의 CSR Corporate Social Responsibility이 이익공유와 사회공헌에 중심을 둬 평판을 높였다면, 이해관계자 모두의 행복을 중시하는 목적경영과 사회적 가치 중시는 기업의 신뢰를 높일뿐더러 경제적 가치로도 이어진다. 실제로 SK가 2019년 베트남 1위 민영기업인 빈그룹의 지분 인수 프로젝트를 성공시킨 것은, 유리한 협상 조건의 제시보다 '사회적 가치', '행복경영'을 하는 착한 기업이란 신뢰 덕분이었다고 관계자들은 전한다.

또한, 목적경영의 진정성은 '무엇을 하느냐'보다 '무엇을 버리느냐'에서 드러난다. ESG 경영원칙에 맞춰 황금알 핵심사업도 던지는 SK의 최근의 매각 행보는 주목할 만하다.

최근 SK는 ESG경영 흐름과 맞지 않는 사업 부문을 차례로 매물에 올렸다. SK네트웍스의 주유소 사업을 경쟁사 현대오일뱅크에 넘긴 것, SK이노베이션이 핵심사업인 석유화학(SK종합화학) 등의 지분 매각에 나선 것이 그 예다. 여기에는 광구-정유-석유화학으로 이어지는 수직 계열화 구조가 깨져 단기간 사업 경쟁력이 약화될 가능성이 있을지라도, 기업의 지속가능성을 확보하기 위한 ESG

경영을 훼손할 수 없다는 생각에서다. 이익이 되더라도 원칙에 맞지 않을 때 과감히 포기하는 자세야말로, 강력한 원칙 수호 의지의 진정성을 보여준다고 하겠다. 사회적 가치 추구와 착한 기업이란 이미지로 얻을 수 있는 신뢰와 지지란 매력자산은 갈수록 중요해질 것이다. 수치, 양적 척도를 넘어 가치의 질적 척도 면에서 기업의 목적변수, 존재 이유는 무엇인가. 지금 던져보아야 할 질문이다.

★ 우리 기업의 목적함수, 존재 가치는 무엇인가. 그것을 전 구성원이 공유하고 있는가.

★ 우리 기업의 고객은 누구인가(이해관계자는 누구인가).

★ 목적(원칙)경영을 위해 이익이 나더라도 버려야 할 것, 포기해야 할 것은 무엇인가.

Process: 원칙을 어떻게 실행할 것인가
격물치지(格物致知) 해야

《대학》에는 격물치지(格物致知)란 말이 나온다. 무슨 일이든 간에 일을 할 때는 원리와 이치를 하나하나 따져가며 '격물치지' 해야 목표에 도달할 수 있다는 의미다. 북극성이란 목적지에 가기 위해선 방향 설정과 함께 중간의 이정표, 즉 목표가 필요하다. 그러기 위해 구체적 지침인 나침반과 지도를 아울러 갖춰야 한다. SK의 목적이 행복 추구라면 목표 프로세스는 수펙스다. '수펙스$_{SUPEX}$'는 Super Excellent의 줄임말로, 인간의 능력으로 도달할 수 있는 최고 수준을 뜻한다. 이 목표달성을 위해 자발적$_{Voluntarily}$이고 의욕적$_{Willingly}$인 두뇌 활용$_{Brain\ Engagement}$과 패기 있게 일하자는 'VWBE'가 주문된다. SK에서 패기는 '스스로 동기 부여해 높은 목표에 도전하고, 기존의 틀을 깨는 과감한 실행'으로 정의된다.

목표를 높게 세워 패기를 갖고 궁리하라: 수펙스를 달성하라

훌륭한 목적이라도 "알아서 해봐"라고 하면 현장에서 실행할 때 막연하기 쉽다. 따라서 목표를 세우고 쪼개서 실행 프로세스를 공유하는 게 필요하다. SK-경영의 목적함수가 '구성원의 행복'이라면 현실 목표는 수펙스다. 일반기업의 매뉴얼과 수펙스한 목표의 차이점은 수펙스가 각각의 단계를 나누되, 각자 자신의 강점을 끌어올려 최고의 합의점에 도달케 한다는 점이다. 천편일률적인 매뉴얼은 저성과자를 평균으로 끌어올릴 수는 있지만, 고성과자의 실력을 끌어내려 하향 평준화가 되기 쉽다.

　최고의 엘리트, 명장이 이끄는 도제식은 들쭉날쭉해 균일화된 성과를 내기 힘들다. 반면에 SK식의 수펙스한 목표달성 프로세스는 VWBE와 패기를 갖고 실행하는 프로세스로, 각자의 강점을 끌어내어 최고의 조합을 이루는 식이다. 구성원의 20%인 리더가 80%인 팔로워를 이끌어가기보다 100%의 구성원이 참여해 스스로 수펙스 챔피언이 되는 식이다. 이는 어느 사업, 어느 프로젝트에나 적용할 수 있다. 예컨대 '수펙스한(초일류) 김치 담그기'란 프로젝트를 생각해보자. 이 프로젝트를 실행하는 기존의 방법은 3가지다. 첫째, 도제식이라면 최고의 김치 명장을 섭외하고 그에게서 배움을 얻어 김치를 담글 것이다. 이런 방식은 잘해봤자 김치를 그 명장 이상으로 담가내기 힘들다. 둘째, 일반적인 매뉴얼, 레시피대로 담그면 복제된 평균 제품이 만들어질 뿐이지, 최고의 작품 수준에 도달하긴 힘들다. 셋째, 직관적인 손맛에 의존한다면, 맛이 들쭉날쭉할 것이다.

반면에 SK의 수펙스는 각자 최고의 강점을 의제로 놓고 토의하는 방식이다. 김치 양념에 능한 사람, 담그는 데 능한 사람, 김치 보존에 능한 사람 등이 어떻게 장을 보고, 담그고, 보존할 것인가 토의를 거쳐 김치를 담그는 것이다. 요리를 잘하는 사람은 양념을 맡고, 과학을 잘 아는 사람은 김치의 유산균의 효능을 보존하는 방법에 대한 의견을 제시하는 식이다. 이렇게 각자의 재능으로 김치 담그기라는 프로젝트에 기여하는 것이다. 그러면 회를 거듭할수록 김치의 수준은 점점 더 최상을 향해 올라갈 것이다. 수펙스 실행공식엔 최고 인재가 최고의 성과를 내기보다, 협업하는 최고의 조직이 성과를 낸다는 사고가 근저에 깔려 있다. 궁극의 수펙스 목표, 장애를 극복하고 목표를 이루어내는 5단계 과정은 ▲입체적 로케이션Location 파악 ▲KFSKey Factor for Success 추출 ▲목표 수준 설정 ▲장애 요인 도출 ▲장애 요인 제거방안 수립 및 실행 순이다.

'수펙스 달성'의 공식은 다양한 업종, 어느 프로젝트에도 적용하고 활용할 수 있다. 최근 SK루브리컨츠가 스페인 최대 민간 석유회사인 랩솔과 합작법인을 설립한 스토리 등, 이 공식을 적용해 성공한 사례가 많다. SK의 수펙스 달성문화에서 주목되는 것은 '나'보다 '우리'를 강조한다는 점이다. 최고의 스타에 대한 성과 포상보다 최고의 조직에 대한 팀 공동 시상을 중시하는 것도 눈여겨볼 점이다.

측정할 수 없는 것은 평가할 수 없다.
단, 측정의 기준에 대해 고민하라. 인센티브가 전부는 아니다
SKMS를 보거나 SK의 관련 기록을 보면 무수히 나오는 낯선 영어약어, 철학적 사고와 개념 등이 눈에 띈다. 얼핏 뜬구름 잡기식의 선문답으로 여겨질 수도 있다. 이런 추상적 화두를 현실에서 작동시키는 데 있어 중요한 것은 측정과 평가다. 흔히 조직에선 '숫자가 인격이다'라고 말하며 성과지상주의를 추구하는 경향이 많다. SK

에선 그 같은 수치 만능주의를 배격하지만, 가치 만능주의 또한 인정하지 않는다. '가치를 위한 가치'는 공염불로 끝나기 쉽다고 생각해서다. SK에서 가치와 함께 강조되는 것은 '측정할 수 없는 것은 평가할 수 없다'다. 실제 SK는 최태원 회장 제안으로 사회성과 인센티브 제도를 시행해 오고 있다. 이는 사회적 기업들이 사회문제 해결에 기여한 성과를 화폐가치로 측정한 후, 이에 비례해 현금 인센티브를 주는 제도다.

"구성원의 행복과 관련한 데이터를 측정하고 분석해서 우리의 자원과 역량을 어디에 우선해서 투입할지 등을 결정하면 행복 증진의 효율성과 효과가 높아질 것이다."

측정에서 평가 못지않게 중요하게 다뤄지는 것은 '기준'이다. 공정함은 늘 현장의 고민으로 대두한다. 최태원 회장은 자신의 저서 《새로운 모색, 사회적 기업》에서 마을 고양이의 쥐 잡기 우화를 예로 들어 이를 설명한다.

"어느 마을에 쥐가 들끓어 고양이에게 쥐를 잡게 했다. 하지만 일정 기간이 지나도 쥐가 줄어들지 않았다. 일부 고양이들이 편한 방법으로만 잡았기 때문이다. 어미 쥐를 잡든, 새끼 쥐를 잡든 똑같이 주어지는 보상이 원인이었다. 쥐 잡는 것을 즐기는 흰 고양이가 있어 관찰해보니 사나운 큰 쥐나 하수구 등의 험지도 가리지 않았다. 촌장은 흰 고양이에 맞춰 생선을 주는 기준을 바꿨다. 어미 쥐, 새끼 쥐 등에 따라 보상에 차등을 두자 다른 고양이들도 난이도 있는 방식으로 쥐를 잡기 시작했다. 이후 잡아들이는 쥐의 수가 정체될 때마다 촌장은 기준을 바꿨다. 이런 과정을 거치면서 촌장은 흰 고양이가 가장 필요한 존재임을 깨닫게 되었다."

그는 인센티브의 효용을 인정하지만, 위험성도 함께 지적한다. 금전적 인센티브만으로 동기를 부여하면 규모의 경제는 발전하지만, 인센티브 수령을 위해 수치를 왜곡, 조작할 우려가 있다. 이것은 모니터링 등의 사회적 비용으로 작용한다. 비금전적 인센티브, 칭찬 등은 희소성의 원리가 작용, 흔해지면 그 의미가 약해진다. 결국, 조직에 필요한 것은 위 우화 속 흰 고양이의 존재, 즉 외재적 동기가 아닌 내재적 동기에 의해 일하는 사람이 많아지는 것이라고 그는 지적한다. 이는 사회적 기업을 넘어 일반기업에도 적용될 수 있다.

▲추상적 이념의 실행을 어떻게 측정할 것인가 ▲인센티브의 순기능과 역기능을 어떻게 활용하고 예방할 것인가 ▲기업의 원칙경영에 맞는 인재는 어떻게 선발하고 육성할 것인가. 이것들은 가치지향의 목적을 현실에서 실현하고자 할 때 기업들이 당면하게 되는 고민이다. 4차 산업혁명이 급속하게 진행되는 시대, 신뢰와 지

지를 받는 착한 기업들에 대한 요구는 갈수록 커질 것이다. 그에 걸맞은, 착한 인성을 가진 인재의 선발과 그에 대한 고민도 깊어질 것이다. 최근 SK에서 착한 인재를 강조하는 것도 이와 무관치 않아 보인다. 실행을 북돋우기 위해 던져야 할 질문은 다음과 같다.

★ 우리 조직의 상벌 평가 기준은 무엇인가.

★ 가치실행을 어떻게 측정하는가.

★ 원칙을 실행하는 프로세스 공식을 공유하는가.

 ## Participation: 구성원을 참여시켜라
경지영지(經之營之)의 한 축 –
일하는 방식을 바꾸면 의식이 바뀐다

사람은 무엇으로 움직이는가. 경영의 최고 화두다. 경영(經營)이란 용어의 출전은《시경(詩經)》의〈大雅(대아)〉,〈靈臺(영대)〉편과《맹자(孟子)》다. 경영은 '경지영지(經之營之)'의 줄임말이다. 이는 주나라 문왕이 백성의 도움으로 영대, 즉 누각을 세울 때의 자초지종을 노래한 시다. 영대의 건축에 백성들이 마치 자신의 일처럼 힘을 바쳐 목표를 초과 달성했다는 내용이다. 즉, 경영의 요체는 사람의 마음을 얻는 것, 자발적인 동기 고취에 있다고 하겠다. 동기는 밖에서 불어넣어야 하지만, 고취는 스스로 불러일으키는 것이다. 자발적으로 동기가 고취되어 자신의 일처럼 임하면 기대 이상, 목표 이상의 성과를 이룰 수 있다.

몰입해서 일하려면, 의식(意識)이 먼저인가, 일하는 방식이 먼저인가. 닭이 먼저인가, 달걀이 먼저인가처럼 선후를 가리기 어려운 화두다. 각각의 기업문화에 따라 선후를 보는 시각이 다르다. SK식 딥체인지는 의식혁신에 앞서 일하는 방식의 혁신이다. 일하는 방식이 바뀌면 의식이 바뀌고 저절로 조직혁신으로 이어진다는 입장이다. 의식 구성원의 자발적 참여를 통해 'push보다 pull'로 근본적 혁신으로 이루려는 것, 미래 전망perspective을 통해 진보progress하는 풍토를 마련하려는 것도 그 때문이다. 이를 통해 기업과 개인 모두 지속 가능한 경쟁력을 확보하게 된다고 보는 것이다.

토론하라: 캔 미팅과 이천포럼

예전에 국내 대기업의 조직문화를 풍자하는 뱀 잡기 유머가 있었다. 사무실에 뱀이 나타나면 삼성은 TF팀을 만들고, 현대차는 일단 잡고 보고, SK는 회의를 소집한다는 풍자였다. 즉, 삼성은 두뇌력을, 현대차는 실행력을, SK는 회의력을 중시함을 가리키는 것이다.

또한, 각 기업의 레전드 화두에서도 그와 같은 조직문화를 살필 수 있다. 레전드에 대한 삼성의 질문은 "업의 본질을 생각하라", "다섯 번 물으면 답이 나온다" 등 두뇌력을 요하는 것들이다. 현대그룹 정주영 회장의 질문은 "임자, 해보기는 했어"라는, 실행력을 중시하는 질문이다. SK의 고(故) 최종현 회장이 자주 했던 말은 '유You'라고 전해진다. 최태원 현 회장은 "스피크아웃 하라"라고 강조한다고 한다. 각각의 구성원에 대한 개별적 존중과 참여를 중시하는 셈이다.

조직 화합으론 용광로적 화합과 모자이크식 화합이 있다. 전자가 개인의 재능을 녹여 하나로 융합하는 것이라면, 후자는 각자의 개성을 살려 협업하는 것이다. SK식 화합은 후자의 모자이크식에 가깝다. 자신의 강점을 살려 팀의 목표에 적극 참여하도록 권장하는 것이다. 단, 중구난방을 부르지 않는 화이부동의 토론 룰은 '우리 모두가 잘되기 위해선 어떻게 할 것인가'다.

SK에는 미팅과 포럼, 위원회가 유난히 많다. 수펙스추구협의회, 캔Can 미팅과 이천포럼 등이 대표적이다. 캔 미팅은 업무관계자들이 모여 업무장소가 아닌, 제3의 장소에서 난상토론을 벌이는 것으로 못을 박았다. 통조림처럼 밀폐된 공간에서 한다는 뜻, 혹은 할 수 있다는 뜻의 캔, 캔맥주를 마시면서 가볍게 하는 미팅이라는 등 그 해석이 분분하다. 중요 포인트는 술 모임도, 그렇다고 딱딱한 회의의 연장도 아닌, 주제를 두고 난상토론을 벌일 수 있는 자리라는 데 있다. SK의 한 관계자는 "당면한 과제부터 업계의 거시적 동향까지, 전술 전략을 함께 논하는 자리다. 그런 점에서 선배로서도, 후배로서도 허심탄회하게 이야기를 나눌 수 있는 게 장점"이라고 말했다.

이천포럼에선 기업을 넘어 사회 이슈, 미래 트렌드에 대한 국내외 전문가들의 강연과 토론이 활발하게 벌어진다. VUCA(변동성 Volatility, 불확실성Uncertainty, 복잡성Complexity, 모호성Ambiguity) 시대에 개인이나 조직이 지속 가능한 경쟁우위를 확보하기 위해선 미래에 대한 대비가 필요하다. 이럴 때 미래필요역량을 교육하면 기업으로선 학습조직을 통해 지속가능성을 확보할 수 있다. 구성원으로선 역량축적을 통해 고용안정성을 확보할 수 있다. 서로 윈윈하는 셈이다. 미래필요역량을 갖춘, 경쟁력 있는 구성원이 지속 가능한 기업을 만들 것이기 때문이다.

★ 구성원의 참여 부족 의식을 탓하기보다 참여를 북돋울 수 있는 방식, 환경조성을 먼저 생각해보라.

★ 일에 대한 의식을 바꾸기 위해서 일하는 방식을 어떻게 바꿀 것인가.

스피크아웃 하라:

행복당할 것인가, 행복할 것인가. 문제를 정면돌파 하라!

문제를 문제시하지 말고 정면돌파 하라. Pain point를 읽어라!

한동안 각 기업에선 MZ세대의 '성과급 논란'이 뜨거웠다. SK하이닉스 4년 차 직원이 최고경영자CEO를 포함한 SK하이닉스 전 임직원에게 이익분배금PS 산정 기준, 경쟁사 대비 성과급이 적은 이유 등에 대한 설명을 요구하는 이메일을 보낸 데서 시작되었다. 이후 비슷한 요구들이 각 대기업, 빅테크 기업에까지 번졌다. 혹자는 SK하이닉스 성과급 논란에 대해 "행복기업에서 행복당했다"라고 비판하기도 했다. 이에 대한 대처방식은 SK가 가장 적극적이고 개방적이었다.

최태원 회장이 직접 "SK하이닉스에서 받은 지난해 연봉을 반납하겠다"라고 공식 천명하기도 했다. 이석희 사장은 소통이 부족한 점에 대해 공개사과 했다. SK하이닉스 노사는 함께 토의하며 이익분배금 산정 기준을 경제적 부가가치EVA에서 영업이익으로 바꾸기로 했다. 구성원이 페인 포인트Pain Point를 '스피크아웃(드러내놓고 의견을 주장)' 하고, 회사는 이를 받아들여 투명하고 공개적인 토론 과정을 거쳐 제도 개선을 이루어냈다. 이 같은 일련의 과정에 대해 'SK답다'라는 평이 잇따랐다. 사측은 문제를 제기한 사원을 징계하는 대신 "행복경영을 위해 적극 스피크아웃 해줘서 고맙다"라며 전

대한민국을 선진국으로 이끈 K-경영

화위복의 계기로 삼았기 때문이다.

MZ세대에게 퍼진 '대리만족'이란 유행어가 있다. 조직에서 대리직급에 해당하는 직원이 만족하다고 말하는 회사가 진짜 행복한 회사란 이야기다. 차장·부장 이상의 중간관리자만 되어도 회사에 대해 불만을 말하기도, 변화를 요구하기도 어렵다. 오죽하면 '민주주의는 사무실 앞에서 멈춘다'라는 말이 있겠는가. 초보일 때는 조직을 너무 몰라서, 노장일 때는 너무 알아서 불만이나 변화를 말하기 힘들다. 위의 말은 적당히 알되 눈치 보지 않는 3~4년 차 대리의 조직문화평가가 가장 정확하다는 의미를 함축하고 있다. 문제가 없는 회사는 없지만, 공개된 문제를 함께 해결하려고 노력하는 회사는 흔치 않다.

리더십 컨설턴트 트레이 테일러는 "조직문화는 직원들이 살고 일하는 도덕적 환경"이라고 정의했다. 또한, "조직원들이 함께 모여 중요하게 생각하는 가치를 이야기하고, 그것을 매일 지켜나간다고 말할 수 있는가를, 구성원과의 대화를 통해 대조해 봐야 한다"라고 지적한 바 있다. 건강한 조직문화의 바로미터는 문제없음이 아니라 문제있음을 말할 수 있는가에 있다. 문제를 정면돌파 하겠다는 의지에 달려있다는 뜻이다. 그래야 구성원들은 회사에 대해, 조직에 대해 입을 연다.

회사는 '민주주의가 사무실 앞에서 멈추지 않기 위해', '말뿐인 스피크아웃이 되지 않기 위해' 문제해결에 대한 성의, 성역 없는 토론을 솔선수범해 보여줘야 한다. 이를 위해 다음의 질문이 유용할 것이다.

- 토론의 룰을 갖고 있는가.
- 구성원의 페인 포인트에 귀 기울이고자 하는가.
- 문제를 회피하지 않고 정면대결 하는가.

개인과 기업이 모두 지속 가능한 경쟁력을 확보하고자 한다면 '의식보다 방식을 먼저' 고려하는 SK식 딥체인지가 필요하다. 구성원의 참여, 의식혁신은 요구하거나 강요한다고 해서 절로 생기지 않는다. 주도적으로 일할 수 있는 환경, 개인과 조직의 경쟁력이 한 방향으로 정렬될 때 자연스레 생겨난다.

차에서 멀미하지 않는 방법은 조수석이 아닌 운전석에 앉는 것이다. 운전석에서 멀미가 일지 않는 이유는 스스로 주도성을 갖고 운전하고, 거시적으로 전망할 수 있기 때문이다.

구성원의 조직몰입도 마찬가지다. SK의 딥체인지(근본적 혁신)에서 배울 교훈은 사람의 의식을 강제로 바꾸려 하기보다 환경조성, 체질 개선을 먼저 이루려고 하는 점이다. 의식개혁은 밖으로부터의 압력이 낮아지면 동력이 떨어진다. 딥체인지식 체질 개선과 환경조성은 외부 압력과 상관없이 자체동력으로 혁신을 계속한다. 조직을 혁신하고 싶다면 구성원에의 의식혁신 요구 못지않게 그를 위한 환경, 일하는 방식의 혁신이 필요하다. 빨리 변하는 것보다는 깊이 체질화하는 것이, 먼저 도착하는 것보다는 오래 지속 가능한 것이 더 중요하기 때문이다. 구성원을 참여시키고participate, 진보하게 하고progress, 미래에 대한 관점perspective을 갖도록 준비시키라.

참고 문헌

① 최태원,《새로운 모색, 사회적 기업》, 이야기가있는집, 2014

② 정도미노,《황제 경영은 싫다》, 오늘, 2003

③ 고(故) 최종현 회장 추모위원회,《최종현, 그가 있어 행복했다: 1등 국가를 꿈꾼 기업》, 2008

④ 허달,《천년 가는 기업 만들기: 경영자 코치 허달이 푼 최종현 사장학》, 비움과소통, 2012

⑤ 마틴 햄메어트,《타이거 매니지먼트-위기에 더 강한 힘을 발휘하는 한국식 경영》, 레인메이커, 2012

LG

고객 가치와 인류의 더 나은 삶을 위해 무에서 유를 창조

2021년, 세계 1위 제품 9개
전자·화학 등 기존 사업 고도화 + AI·로봇·배터리·
전장 등 집중 육성

K-경영의 성공 요인을 찾아보려는데, 그룹마다 경영 스타일이나 기업문화에는 일부 비슷하거나 공통적인 면도 있지만, 다른 면이 더 많다. 신속한 의사결정과 '빠른 경영'으로 9개 분야에서 세계 1위가 된 그룹이 있는가 하면, LG그룹은 다소 느려 보이지만 꾸준함을 장착한 '느린 경영'으로 다른 9개 분야에서 세계 1위가 되었다.

1947년 1월 락희화학공업사(현 LG화학)로 출범한 LG그룹은 국내 재계 4위 규모의 그룹이다. LG그룹은 LG화학과 LG전자를 주축으로 형성되었다. LG디스플레이, LG이노텍, LG에너지솔루션 등도 그룹

내 주력기업으로 성장하고 있다. LG그룹은 2021년 기준, 생활가전, OLED TV, 대형 OLED TV 패널, 10인치 이상의 차량용 디스플레이, 차량용 OLED 패널, 카메라 모듈, 통신용 반도체, 고부가 합성수지ABS, 전기차 배터리 등 9개 분야에서 세계 1위를 차지했다(표 참조).

OLEDOrganic Light Emitting Diodes(유기발광다이오드)는 전기에 자극받아 빛을 내는 물질이다. 휴대전화나 디지털카메라의 화면에 쓰이는데, TV처럼 창이 큰 제품으로 인해 쓰임새가 넓어졌다. 액정화면표시 장치LCD보다 좋은 화질을 구현한다.

LG전자는 2021년 1분기 생활가전 부문에서 월풀Whirlpool을 제치 고 글로벌 세계 1위에 등극했다. 영업이익은 2017년부터 줄곧 LG전 자가 월풀을 앞서는 상황이다. 2020년 영업이익은 3조 1,950억 원으 로 2019년 대비 31.1% 신장했으며, 2021년 1분기에는 1조 5,166억 원 으로 역대 분기 사상 최대 실적을 기록했고, 전년 동기 대비 39.1% 신장하는 등 높은 성장세를 보여주었다.

LG전자는 수익 기반의 성장을 가속화하기 위해 프리미엄 전략 을 펼치고 있다. '가전, 작품이 되다'라는 문구를 앞세워 홍보하고 있는 초(超)프리미엄 가전 'LG 시그니처LG SIGNATURE', 초프리미엄 빌트인 '시그니처 키친 스위트SIGNATURE KITCHEN SUITE' 등과 같은 초프리미엄 브랜드는 물론, 신가전, 인테리어 가전, 올레드 TV 등 가전의 새로운 트렌드를 이끄는 다양한 프리미엄 제품들을 지속해

표·LG그룹 세계 1위 제품

자료·2021년 1분기 기준, 지주사를 통해 LG그룹 각사에 요청해 받은 자료를 취합함.

시장(품목)	회사	세계시장 순위	세계시장 점유율(%)	세계 1위 등극 시점
생활가전	LG전자	1위	–	2021년 1분기
OLED(올레드) TV		1위	66.0	2021년 1분기
대형 OLED TV 패널	LG디스플레이	1위	–	지속
10인치 이상의 차량용 디스플레이		1위	25.9	2021년 1분기
차량용 OLED 패널		1위	91.0	2021년 1분기
카메라 모듈	LG이노텍	1위	20.0	2021년 1분기
통신용 반도체		1위	32.0	2020년 1분기
고부가 합성수지(ABS)	LG화학	1위	약 22	지속
전기차 배터리	LG에너지솔루션	1위	생산능력	2021년 1분기

선보이고 있다. 이로써 LG전자는 프리미엄 시장에서 지배력을 확대하고 고객에게 차별화된 경험을 제공하고 있다. LG전자의 프리미엄 엘지 시그니처 일반 냉장고 가격을 검색해보니 무려 1,000만 원이다. 모델에 따라서는 1,000만 원을 넘어서는 것도 있다.

생활가전의 경우, LG전자는 스타일러, 건조기, 무선청소기, 식기세척기 등 혁신적인 가전을 지속적으로 선보이고 있다. 이로써 '신가전'이라는 단어가 생겨날 정도로 새로운 트렌드를 이끌며 고객의 삶을 변화시키고 있다. 삶의 질을 업그레이드시키는 신가전 전성시대라는 말도 돈다. 공간에 대한 고객들의 관심이 커지면서 공간과 조화를 이루는 공간인테리어 가전 'LG 오브제 컬렉션'도 큰 인기를 얻고 있다.

TV의 경우, LG전자는 올레드 TV를 앞세워 프리미엄 TV 시장을 선도하고 있다. 올레드 TV는 평균판매가격$_{ASP}$이 일반 LCD TV의 4배 이상인 프리미엄 제품임에도 출하량이 폭발적으로 증가할 정도로 큰 인기를 끌고 있다. 또한, 세계 최초의 롤러블 TV이자 현존하는 TV 폼팩터 혁신의 정점인 LG 시그니처 올레드 R을 선보이기도 했다.

시장조사업체 옴디아$_{Omdia}$ 조사에 따르면, LG전자의 2021년 1분기 금액 기준 글로벌 TV 시장점유율은 19.2%, 1분기 2,000달러 이상의 프리미엄 TV 시장에서의 점유율은 27.8%다. 생활가전은 점유율이 공개되지 않는다.

LG에너지솔루션의 전기차 배터리는 2021년 1분기 기준 글로벌 점유율이 21.5%로 세계 2위이며, 배터리 관련 특허 보유 건수는 2만 3,610건으로 세계 1위다. LG에너지솔루션은 보조금 정책을 쓰면서 자국 기업에 혜택을 주는 중국 시장을 제외하면, 배터리 점유율 세계 1위(31.3%)다. 2021년 서울 코엑스에서 진행된 이차전지 전문 전시회인 '인터배터리 2021'에서 업계 최초로 알루미늄을 첨가한 4원계 배터리 'NCMA(니켈, 코발트, 망간, 알루미늄) 양극재'를 활용한 배터리를 공개한 바 있다. 또한, 전고체, 고에너지 밀도의 경량 리

튬황 배터리 등의 차세대 배터리 기술력도 선보이며 세계 배터리 업계를 선도하고 있다.

LG는 글로벌경영 컨설팅업체 보스턴컨설팅그룹이 발표한 '2021년 세계에서 가장 혁신적인 기업 톱 50'에서 2020년보다 순위를 6단계 끌어올리며 12위를 차지했다. LG전자는 2022년 글로벌 특허 솔루션 전문 기업인 클래리베이트에서 발표하는 '글로벌 100대 혁신기업'에 11년 연속 선정되기도 했다.

LG화학은 영국 브랜드 평가 전문 컨설팅업체 브랜드 파이낸스의 '2021년 화학 기업 25' 보고서에 나타난 브랜드 가치가 4조 46억 원으로, 전년에 이어 글로벌 4위 자리를 지키고 있다. 글로벌 화학 상위 5개사 가운데 유일하게 전년 대비 브랜드 가치가 상승한 기업이다.

우리나라 최초로
화학·전자 산업 개척

1947년 1월 5일 설립된 락희화학공업을 모태로 출범한 LG그룹은 우리나라 최초로 화학산업과 전자산업을 개척했으며, 국내 최초 및 세계 최초 개발 타이틀을 다수 거머쥐고 있다. 락희화학(현 LG화학)은 최초의 국산 화장품인 '럭키크림'(1947년 1월), 국내 최초의 치약인 '럭키치약'(1955년 9월) 등을 생산했다. 금성사(현 LG전자)는 국내 최초로 라디오(1959년 1월), 냉장고(1965년 4월), 흑백 TV(1966년 8월), 룸에어컨(1968년 3월), 엘리베이터·에스컬레이터(1969년 2월), 세탁기(1969년 5월) 등을 개발했다. 또한, 세계 최초로 OLED(플렉서블 & 투명: 2014년 7월, 88인치 8K: 2018년 1월, 롤러블 TV: 2019년 1월), 스타일러(의류관리기: 2011년 2월) 등을 개발했다.

LG그룹은 연구개발R&D에 많은 투자를 해왔으며, 이것이 세계 시장의 9개 분야에서 1위를 차지하게 해준 주요 요인인 셈이다. 연구개발에 많은 투자를 한 결과, 특허 또한 많이 보유하고 있다. LG에너지솔루션의 배터리 분야 특허는 2만 4,000여 건(2021년 2월 말 기준)으로 세계 1위다. LG전자가 보유한 전체 특허는 약 11만여 건(2020년 말 기준)으로 미국 특허 보유 글로벌 기업 중 4위를 차지하고 있다. LG그룹은 그룹 간 특허 시너지 창출 및 특허 이슈 대응을 위해 주요 계열사가 참여하는 LG 특허협의회를 운영 중이다.

LG그룹은 2018년 서울 마곡지구에 LG사이언스파크를 오픈했다. LG사이언스파크는 전자, 화학, 바이오, 소프트웨어, 통신 등 LG 내 다양한 분야의 R&D 인재가 한곳에 모여 LG를 넘어 대한민국의 미래성장을 이끌 기술을 창출해내는 복합 연구단지다. LG의 '디지털 트랜스포메이션', '오픈 이노베이션', '미래 준비 R&D'를 리딩하는 그룹 차원의 연구개발 허브다.

　LG사이언스파크에는 주요 계열사 연구인력 2만여 명이 운집해 있다. 총 4조 원을 투자한 LG사이언스파크는 축구장 24개 크기의 부지에 20개 연구동이 들어서 있는 규모며, 전자·화학 분야 연구와 인공지능, 로봇, 빅데이터 등 미래산업 분야 연구를 진행 중이다. LG는 LG사이언스파크를 통해 국내외 유망 스타트업들과 함께 AI/빅데이터, 라이프 스타일, 증강현실AR/가상현실VR, 자율주행/로봇, 바이오/헬스케어 등 다양한 분야의 상생 생태계 조성에 앞장서고 있다.

　LG사이언스파크는 연구원들에게 최고의 연구시설 및 복지시설을 제공할 뿐 아니라, 열린 세미나, 북 콘서트, 인포멀 봉사 활동 등을 통해 대내외에서 열린 소통을 진행하고 있으며, 그룹의 역동적인 조직문화 공유 확산을 위한 컬처위크를 실시하고 있다. 이를 통해 다양한 분야의 R&D 인재들이 한곳에 모여 시너지를 창출하고, 미래 혁신 고객 가치를 창출하는 전진 기지화할 것이라고 한다.

고객가치경영, 인간존중경영, 정도경영 추구

LG그룹의 모태인 락희화학의 창업이념은 인화단결, 연구개발, 개척정신으로 요약된다. 현재 LG그룹이 추구하는 경영은 고객가치경영, 인간존중경영, 정도경영이다. 이는 LG의 고유 경영철학이자 다짐인 'LG Way'로, 경영이념인 '고객을 위한 가치 창조'와 '인간존중의 경영'을 LG의 행동방식인 '정도경영'의 실천으로 LG의 비전인 '1등 LG'를 달성하자는 것이다. LG만의 고객 가치는 '고객의 삶을 바꿀 수 있는, 감동을 주는 것', '남보다 앞서 주는 것', '한두 차례가 아닌, 지속해 가치를 만들어 내는 것'을 추구하는 것이다.

LG그룹은 어느 기업보다도 고객을 강조한다. LG그룹의 고객지향 경영철학은 구인회 창업 회장에서부터 현 4대 구광모 회장에 이르기까지 끊임없이 진화하고 있다. 연암 구인회 창업주(회장 재임 기간: 1947년 1월~1969년 12월)는 '개척정신, 연구개발, 인화단결'을 창업이념으로 제정했으며, 남이 하지 않는 것을 선택하고, 국민 생활에 없어서는 안 될 것부터 착수하는 국리민복 등을 강조했다.

상남 구자경 2대 회장(1970년 1월~1995년 2월)은 '고객을 위한 가치 창조, 인간존중의 경영'으로 경영이념을 재정립했다. 국내 최초로 '소비자'를 '고객'으로 지칭하고, 자율경영체제 도입과 인재육성 '인화원'을 건립(1988년 11월 29일)하는 등, 강토소국 기술대국을 강조했다. 화담 구본무 3대 회장(1995년 2월~2018년 5월)은 '고객 가치 중심 경영'을 그룹 조직문화로 정착시키고, 기술을 위한 기술이 아니라, 고객을 위한 가치를 창조하는 기술로서 '고객이 인정하는 1등 LG'를 내세웠다.

각 사 사장을 정점으로 한 '자율경영'은 1988년 11월 고 구자경 명예회장이 사장단 회의에서 '21세기를 향한 경영구상'으로 선언한 바 있다. 자율경영의 내용은 사업문화단위cu 조직의 재구성, 사업의 경영권을 CU를 맡은 사장에게 위임하는 자율경영 실천, 인재 내부 육성제도의 장치 마련 등이다. 자율경영의 대외 선포는 1990년 2월 20일 경영이념을 선포할 때 같이 했다.

구광모 4대 회장(2018년 6월~현재)은 '고객(나아갈 방향)', '고객 가치·실천(페인 포인트)', '고객 감동(초세분화)' 등을 강조한다. 고객의 모든 경험 여정을 세밀히 이해하고, 라이프 스타일과 가치관까지 깊이 공감해 'LG 팬'으로 만들자고 한다. 그는 LG전자 상무로 있다가 2018년 6월 29일 그룹 지주회사인 (주)LG의 대표이사 자리에 올랐다. 사실상 그룹 총수다. 외부에서는 그를 LG그룹 회장이라고 부르는데, 그는 취임하면서 직원들에게 자신을 대표로 불러 달라고 했다고 한다. 내부에서는 그를 대표라고 부르고 있다.

지속 가능한 성장을 위한
'ESG경영' 활동 강화

　　LG그룹은 2003년 국내 대기업 최초로 지주회사체제로 전환했으며, 전체 상장회사 이사회 내 ESG·내부거래 위원회 신설 및 감사위원회 강화로 지배구조 개선을 가속화하고 있다. 사업장의 RE100, EV100 가입, 온실가스 배출량의 감축, 탄소 중립 등 친환경 경영정책도 추진하고 있다. 문화재단, 복지재단, 상록재단, 연암학원 운영 등 다양한 사회공헌 활동도 전개하고 있다. 그 외 의인상·성장호르몬제·다문화학교·멸종생태계 복원사업 등도 펼치고 있다.

　　LG그룹은 전체 상장사 이사회 내에 ESG위원회를 신설했다. 위원회는 사외이사 전원으로 구성되고, 실행력 제고를 위해 각 사 대표이사가 위원회 멤버로 참여하고 있다. 또한, ESG위원회의 전문성 확보를 위해 환경, 사회, 지배구조 등 관련 분야 외부전문가와 MZ세대로 구성된 자문단도 운영할 계획이다. 사회공헌을 위해 문화재단(1969년 12월), 복지재단(1991년 1월), 상록재단(1997년 12월), LG연암학원(1973년 6월: 연암대학교, 연암공과대학교) 등을 설립했다.

4세 경영인 구광모 회장,
26년 만에 LG 얼굴 다양화 등 변화와 혁신 주도

LG그룹에 1990년에 입사해서 LG에서 경력 30년이 넘는 LG그룹 한 임원에게 구광모 대표 취임 후에 어떤 큰 변화가 있었는지 물어보았다. 그는 "큰 변화는 없고 선대 회장의 경영 스타일과 비슷하게 경영하고 있다"라고 답변했다. 그러나 구광모 회장 취임 4년차인 2021년부터 LG그룹에는 조용한 가운데 큰 변화가 일고 있다.

LG전자는 2021년 4월 5일에 열린 이사회에서 2021년 7월 31일자로 휴대전화 사업 종료를 결정했다. 휴대전화 사업은 그간 LG전자에 5조 원에 이르는 적자를 나게 했고, 이에 따라 LG전자는 26년 만에 휴대전화 사업 철수를 결정한 것이다. 형식상 이사회 결정 사항이지만, 선택과 집중을 통해 핵심 사업에 올인하고 미래에 대한 준비를 강화하기 위해 구광모 회장이 과감히 결정을 내린 것이다.

2021년 6월 10일에는 심볼마크에 생동감을 더한 다양한 표현 '미래의 얼굴 Expressions' 7개를 공개했다. LG는 미래의 얼굴 Expressions를 그룹 공통 임직원 명함에 먼저 적용했다. 새로운 명함은 한 면에는 임직원 소속과 연락처, 다른 한 면에는 7개의 '미래의 얼굴 Expressions' 중 원하는 디자인을 넣어 개성을 표현하도록 했다.

주력·미래사업 단계별 사업 포트폴리오 고도화로 기업가치 제고

LG그룹은 전자·화학·통신/서비스 사업을 주력·미래 사업으로 정하고 집중적으로 투자하고 있다. 전기차 배터리·OLED·전장(電裝) 등은 성장사업으로서 실적이 가시화되고 있다. 전장은 자동차에 들어가는 전기·전자 장치와 설비를 통틀어 이르는 말이다.

LG의 전장사업으로는 차량용 오디오, 비디오, 내비게이션 인포테인먼트 제품, 자율주행 부품, 자동차 램프, 디스플레이, 전기자동차용 모터, 파워트레인 등의 구동 부품을 들 수 있다. 이는 LG전자, LG디스플레이, LG이노텍에서 진행하고 있는 사업이다. 또한, 인공지능AI ·2차전지·바이오플라스틱·헬스케어 등에 오픈 이노베이션을 도입하고, 스타트업 투자 확대로 미래산업을 지속해 개척해 나가고 있다.

구광모 회장이 평소 가장 강조하는 게 있다. 'LG만의 고객 가치'

의 중요성과 고객을 세밀하게 이해하고 고객들의 경험을 통해 제품을 혁신하는 것이다. 그가 한 말들을 분석해 보니 '고객'과 '혁신'이 가장 많다. "LG가 나아갈 방향을 수없이 고민해 봤지만, 결국 그 답은 '고객'에 있었다", "혁신이 끊임없이 이루어질 수 있도록 역동적 문화를 만들어가자"라고 강조하고 있었다. 고객을 통해 나아갈 방향을 찾고, 꾸준히 연구개발에 투자하고, 끊임없이 혁신하는 LG그룹의 미래는 매우 밝아 보인다. 고객과 세계를 향해 뻗어가는 LG그룹의 미래의 모습에 큰 기대를 걸어본다.

포스코

혁신을 선도해 인류에게 빛을 비추는 세계의 '등대공장'

세계에서
가장 경쟁력 있는 철강 회사

1968년 포항종합제철이라는 이름을 달고 공기업 형태로 설립된 철강회사로, 그야말로 맨땅에서 시작해 5년 동안의 천신만고 끝에 첫 쇳물을 뽑아낸 종합제철소이다. 거의 매년 '창사 이래 최고실적'이라는 보도 자료를 내는 기업이 포스코다. 그러면 포스코는 어떻게 성공해왔을까? 앞으로도 성공할 수 있을까? 포스코에 대한 이러한 믿음은 하루아침에 만들어진 것이 아니다. 그래서 더욱 단단해 보이는 기업이다.

2020년 기준 '세계에서 가장 경쟁력 있는 철강 회사' 11년 연속 1위. 글로벌 철강 전문분석 기관인 WSD<small>World Steel Dynamics</small>의 발표 자료다. 세계 철강 회사 시가총액 2위(2020년 말 기준 216억 9,300만 달러), 글로벌 조강생산량 6위를 차지하고 있기도 하다. 라젠드라 시소디어는 높은 이상과 목적을 갖고 세상을 바꾸는 기업에 대해 저술한 저서, 《깨어있는 자본주의Conscious Capitalism》에서 파타고니아, 구글, 사우스웨스트 항공과 함께 위대한 기업을 넘어 사랑받는 기업의 대표사례로 든 유일한 한국 기업이 포스코다. 2019년에는 세계경제포럼에서 혁신을 선도해 인류에게 빛을 비추어주는 세계의 '등대공장'에 선정되었다. 이 또한 한국 기업으로는 최초이며 유일하다.

철강 회사로 출발한 포스코는 2021년 현재 글로벌 인프라 부문(포스코 인터내셔널, 포스코 건설, 포스코 에너지, 포스코 ICT 등 15개 기업), 철강 부문(포스코 강판 등 4개 회사), 신성장 부문(포스코 케미칼 등 3개 회사), 비영리 및 지원법인(포스코 경영연구원, 포스코 인재창조원, 포스텍 등 11개 기관) 등의 4개 영역에서 33개 기업 혹은 기관을 보유하고 있는 대규모 기업집단으로 성장했다.

포스코는 한국의 다른 재벌기업들과 다른 역사적 배경과 지배구조를 가진 기업이다. 기업의 소유주가 특정되지 않았으며, CEO도 가족 간 승계가 아닌, 독립된 이사회에서 선출한 전문경영인에 의한 승계가 이루어지고 있다. 또한, 서구의 전문경영인 체제와도 구별되는 특징을 보인다. CEO의 재임 기간이 상대적으로 짧으며 네 번째 CEO였던 김만제 회장을 제외하면 모두 포스코 내부에서 성장해서 CEO가 되었다. 한국경제 성장의 원동력을 분석하면서 자주 언급되는 것이 한국 재벌그룹들이 갖는 장점들이다. 위험을 감수하는 장기적인 관점에서의 투자와 안정적인 경영, 선대 회장으로부터 이어져오는 독특한 경영철학과 기업문화 등이 그 예일 것이다. 반면, 포스코는 다른 한국 대기업들과는 유사하면서도 다른 성공 스토리를 써 나가고 있다.

기업문화 :
기업시민 DNA

포스코의 성공 요인의 첫 번째가 기업문화라는 데는 이견이 없을 것 같다. 기업문화는 그만큼 기업의 생존과 발전에 근본적인 요인으로 작용한다. 포스코의 출발은 공기업이었다. 정부와 대한중석이 공동출자 형식으로 자본금을 조성했고, 이후 제철소 건설에 대일청구권 자금이 일부 사용되었다. 우향우 정신은 초대 회장이었던 박태준이 제철소 건설과정에서 입버릇처럼 하던 말이었다. 우향우 정신은 포항제철소 건설이 잘못되기라도 한다면 구성원 모두는 오른쪽을 향해 영일만에 빠져 죽자는 비장한 의미를 내포하고 있다. 이 정신은 아직도 포스코 구성원들 사이에서 농담처럼 회자되고 있다. 조상들의 피의 대가로 쇠를 만들어 조국과 조상에 보답하겠다는 제철보국 정신은 포스코의 문화 정체성으로 자리매김했다. 국가와 사회에 대한 부채의식은 설립 초기부터 포스코 구성원들의 DNA가 되었다.

"우리는 단순히 봉급만을 받는, 회사의 피고용인이 아니다", "포항제철 직원이 되는 순간부터 우리는 국민에게 봉사하는 공인(公人)이 된 것이다." (송호근, 2018, 76쪽. 임원간담회)

이후 민영화를 거쳐서 지금은 완전 민간 기업으로서 뉴욕 증시에 상장된 글로벌 기업으로 거듭났다. 하지만 포스코의 이 DNA는 여전히 그 구성원들에게 전수되고 있다. 최근 가히 열풍이라고 할 정도로 ESG Environmental, Social, Governance에 관심이 높다. 그런데 흥미롭게도 포스코는 ESG 유행 이전에 기업시민이라는 경영이념을 도입했다. '제철보국 정신에서 기업시민 경영이념으로.' 이는 포스코의 현 CEO 최정우 회장이 가장 강조하고 있는, 기업문화의 정체성을 한 줄로 표현한 것이다. 제철보국의 기업문화 DNA가 창업 50년을 넘어 새로운 시대정신에 부합해 진화 발전한 것이 바로 기업시민이다.

"포스코의 기업시민이라는 경영이념이 타 기업과 차별화되는 것은 포스코 임직원들의 코어 스피릿 core spirit, 즉 공의식이라는 문화적 본질을 바탕으로 포스코가 출발했다는 점이다."

_ 포스코 임원 인터뷰

포스코는 기업을 사회발전을 위해 공존·공생의 역할과 책임을 다하는 주체로 재정의한다. 그리고 이러한 기업의 일원으로서 포스코의 구성원들은 모두 기업시민 활동을 추진한다. 기업시민의 실천은 경영의 전 과정에서 사회발전과 이해관계자를 위한 공생 가치를 함께 만들어가는 모든 것을 의미한다. 이를 실천하기 위해 포스코는 2019년에 기업시민헌장POSCO Charter of Corporate Citizenship을 제정했고, 2020년에는 구체적인 기업시민 활동 지침서로서 CCMSCorporate Citizenship Management Standards를 발간해 전 직원들에게 배포하고 기업시민 교육 자료로 활용했다.

이제 포스코의 경영이념은 한국이라는 국가의 울타리를 넘어서서 기업시민이라는, 인류를 향한 책임감으로 승화되고 있다. 기업시민은 부채의식인 동시에 주인의식이기도 하다. 제철보국 시절에는 조국과 조상에 대한 부채의식과 대한민국의 성장이 우리 손에 달렸다는 주인의식이 있었다. 이것이 이제는 지구의 환경을 지키고, 인류의 번영과 발전을 남의 일로 보지 않는 자세, 바로 우리의 일이라는 지구인으로서의 주인의식으로 진화한 셈이다.

선제적 혁신

한국경제는 선진국들이 앞서 닦아놓은 발자국을 근면과 성실로 빠르게 추종하는 전략Fast Follower Strategy으로 고도성장을 이루었다. 성장의 다음 과제로는 남들이 가지 않은 미지의 세계를 도전정신과 창의력을 바탕으로 개척하는 선도전략First Mover Strategy이 필요했다. 이 전환점에서 한국의 기업과 경제는 한동안 고전했다. 하지만 이 어려움을 극복해내며 굴지의 한국 기업들은 이제 글로벌시장을 선도할 수 있는 실력을 갖추었다. 그런데 포스코는 사실상 이미 오래전부터 철강업계의 퍼스트 무버였다.

"이곳에서 제자리에 머물려면 최선을 다해 달려야 한다. 어디든 다른 곳으로 가고 싶다면 그보다 2배는 빨리 뛰어야 한다." 동화《이상한 나라의 앨리스》에서 여왕인 레드퀸이 앨리스에게 한 말이다. 이를 경영학에 적용한 스탠포드대학교의 윌리엄 바넷 교수는 이를 레드퀸 효과Red Queen Effect라고 부르며 대표기업 사례로 포스코를 들었다(2021년 기업시민 3주년 특별 심포지엄). 레드퀸 효과는 경쟁이 심한 상황에서 선도 기업이 혁신을 통해 새로운 표준을 만들어 탁월한 성과를 내면, 후발 기업들이 이 새로운 표준에 대응하기 위해 추가적인 노력을 기울임으로써 결국 생태계 전체가 함께 성장한다는 이론이다. 포스코는 끊임없는 혁신을 통해서 새로운 표준을 만들어왔다. 그리고 현재도 여전히 이 혁신은 진행 중이다. 이 혁신은 어느 특별한 CEO에만 국한된 얘기가 아니다. 포스코를 이끌어온 모든 CEO 시절에 크고 작은 혁신이 일어났다.

크고 작은 혁신 가운데 가장 두드러진 것이 이미 상용화된 파이넥스 공법과 최근에 개발 중이 하이렉스 공법이다. 철강 산업은 영국 산업혁명의 산물이다. 영국에서 출발해 지난 100년 동안 변함없이 이어온 철강 생산 방법은 고로조업이다. 철광석과 석탄을 각각 소결공장과 코크스 공장에서 고로에 넣기 좋은 형태로 만든 후 고로에서 녹여 쇳물(용선)을 생산한다. 이를 다시 전로에 넣어 정제한 쇳물(용강)로 제품을 생산하는 방법이다. 문제는 이 과정 중 석탄에서 발생하는 가스인 일산화탄소를 환원제로 쓰고 있고, 이때 철광석으로부터 산소를 분리하는 환원 과정에서 대량의 탄소$_{CO_2}$가 발생한다는 점이다.

이러한 고로조업의 단점을 극복하기 위해 일본, 호주, 유럽 등 많은 기업에서 다양한 혁신을 시도했다. 그러나 모두 상용화에 이르지 못했다. 반면, 포스코는 1992년 개발을 시작해 파이넥스 공법을 유일하게 성공시켰다. 파이넥스 공법은 고로를 사용하지 않고, 가루 형태의 철광석을 별도로 사전 처리하지 않으며, 여러 단계의 유동환원로에 넣어 환원철$_{DRI}$을 생산해낸다. 그리고 이를 용융로에 넣어 쇳물(용선)을 생산한 후 이를 다시 전로에 넣어 정제한 쇳물

(용강)로 제품을 생산하는 방식이다. 이때 환원제로는 석탄을 넣은 용융로에서 발생한 일산화탄소 75%와 수소 25%가 사용된다. 파이넥스 공법의 기술적 특징은 소결과정과 코크스 제조공정이 생략되어 있다는 점이다. 고로조업에 비해 석탄 사용량이 적고 저품질의 석탄을 사용해도 되기 때문에 상대적으로 친환경적이다.

여기에 더해 현재는 완전 친환경 생산방식인 하이렉스 공법을 개발하고 있다. 포스코는 2020년 아시아 철강기업 최초로 '2050 탄소중립'을 선언했다. 다양한 탄소 저감 기술이 있지만 생산 방법 자체로 인한 한계가 있었다. 이에 포스코는 중장기적인 목표를 갖고 세계 최초로 수소환원제철$_{HyREX}$ 공법을 개발하고 있다. 하이렉스 공법은 석탄 대신 수소를 환원제로 사용한다. 기술개발이 매우 어려운 것으로 알려져 있는데, 세계의 철강업계가 포스코에 기대를 걸고 있는 이유는 바로 앞서서 파이넥스 공법을 성공시켰기 때문이다.

주인의식에 기반한
포스코의 혁신

포스코의 혁신에서 주목할 점은 구성원들의 주인의

식이다. 이 역시 기업시민 DNA와 관련성이 높다. 주인의식에 기반한 포스코의 혁신은 포항제철소 설립 과정에서부터 시작된 것이다. 아무런 기술적 역량이 갖추어지지 않은 상태에서 일본의 기술을 받아들여야 했고, 그 과정에서 일본이 포스코에 제대로 기술을 알려줄 리 만무했다. 주인의식에 충만한 직원들은 산업기반을 다지자는 사명감을 바탕으로 앞선 제철 기술을 주도적으로 습득하고, 현장에 적용하는 데 온 힘을 기울였다. 포항제철소에서 처음 쇳물이 나왔을 때 이를 '영일만의 기적'이라고 불렀던 이유는 포스코 자신 외에는 아무도 성공을 예상하지 못했기 때문이었다.

주인의식에 의한 혁신 과정은 현재도 진행형이다. 2019년 다보스포럼에서 '세계 등대공장'의 선정을 끌어낸 스마트팩토리 도입 과정도 처음부터 순탄한 것은 아니었다. 2015년 스마트팩토리 도입을 시도했던 초기에는 포스코 구성원들이 AI나 빅데이터에 대한 지식과 역량을 갖추지 못했기 때문에 IBM으로부터 기술적인 도움을 받았다. 포스코에서 수집한 정보를 IBM에 보내서 분석하고 다시 포스코에 적용하는 과정을 거쳤다. 하지만 결과는 실패였다. IBM과 몇 개월에 한 번씩 논의해서는 아무런 진전도 이룰 수 없었다. 결국, 포스코는 2017년부터 생산 엔지니어들이 주도하는 스마트팩토리 도입방안을 모색하게 된다. 아예 포스텍에 엔지니어들을 보내서 이들이 직접 빅데이터와 AI에 대해 학습하고 분석기법을 생산공정에 적용하는 방법으로 진행한 것이다. 결과는 대성공이었다. 현재는 생산공정뿐만 아니라 설비나 품질, 판매 등 모든 분야에 스마트팩토리를 적용하고 있다.

고객과의
신뢰 파트너십

포스코의 경쟁력은 어디에서 나올까? 특히 철강 산업은 이미 레드오션이 된 지 오래되었다. 미국 최초의 항공모함을 건조하고, 미국 산업화의 상징이자 전설적인 철강회사였던 베들레헴 스틸도 경쟁을 이겨내지 못하고 2003년에 지구상에서 사라졌다. 아마 포스코가 여전히 가격경쟁력에 승부를 걸었다면 베들레헴의 전철을 밟지 않으리라는 보장이 없었을 것이다. 대신 포스코는 가격경쟁에서 제품 차별화 전략으로의 피벗팅에 성공했다.[1] 제품 차별화 전략의 근간에는 고객과의 파트너십이 있다.

---

1) Amy Blitz. 2020. Corporate life and death: who succumbs, who survives during disruption? Journal of Business Strategy. 41(6): 11-17.

예를 들어, 2017년 건조된 세계 최대의 친환경 LNG 선박인 '그린아리스호'는 포스코와 현대미포조선의 합작품이다. 여기에 사용된 철강은 포스코에서 자체 개발한 고망간강이다. 고망간강은 섭씨 -196도의 극저온에도 견딜 수 있는 철강으로, 제품의 차별화뿐만 아니라 가격경쟁력도 뛰어나다. 그런데 포스코가 아무리 최고급의 철강 제품을 개발했다 하더라도 고객이 찾지 않으면 무용지물이었을 것이다. 포스코는 대형조선사 고객을 밀착 지원하기 위해 KAM Key Account Management이라는 조직을 만들었다. 즉, 조선사가 위치한 지역에 포스코 직원들이 직접 상주하면서 영업 활동을 하도록 한 것이다. 이런 과정을 거쳐 고망간강이 들어간 그린아리스호가 탄생한 것이다.

자동차에 들어가는 제품 또한, 포스코가 고객과의 밀착을 통해 제품개발에 성공한 것으로 언론에서 주목하는 사례다. 포스코는 후발주자로서 높은 진입장벽을 극복하고 굴지의 글로벌 자동차회사와도 성공 스토리를 이어가고 있다. 포스코는 완성차 업체에 강판을 납품하기 위해서 신차 개발 초기 디자인 단계에서부터 자동차회사와 함께한다. 신차에 가장 적합한 맞춤형 자동차 강판을 개발하고 공급하는 것이 포스코의 경쟁력이다. 이것이 가능한 이유는 고객의 니즈에 맞게 생산, 판매, 물류 등 모든 밸류체인을 고객들에게 원스톱 서비스로 제공하기 때문이다. 포스코의 각 부서가

원팀 정신으로 협력하지 않으면 불가능한 일이다. 이렇게 개발된 것이 유명한 포르쉐의 고성능 스포츠카인 '911 GT3 RS'다. 이 차의 지붕에 포스코에서 만든 마그네슘 판재가 얹어졌으며, 제네바 모터쇼에서 처음 공개되어 자동차업계의 큰 주목을 받기도 했다. 이로써 스포츠카의 성능과 연비가 크게 개선되었는데, 포스코의 마그네슘 판재를 이용해 차량 경량화가 가능해졌기 때문이다.

 최고 수준을 지향

앞서 살펴본 것처럼 포스코는 언제나 최고 수준을 지향해왔다. 우향우와 함께 포스코의 또 다른 전설적인 스토리 가운데 하나가 '폭파 기념식'이다. 포항제철소 초기 건설 시절에 박태준 회장은 현장 시찰을 하던 중 부실공사를 발견했다. 그 공사는 이미 공정의 80%가 진행되었고, 70미터의 굴뚝까지 완성되어 올라간 상태였다. 그런 만큼 일부 부실공사만 다시 할 수도 있었지만, 박태준 회장은 이를 구성원들에게 최고가 아니면 안 된다는 메시지를 전달하는 기회로 삼았다. 모든 포스코 임직원들을 한자리에 모아 놓고 폭파 기념식을 거행한 것이다. 부실공사 건물을 폭파한 것은 상징이었다. 박태준 회장이 의도한 것은 어떤 비용을 치르더라도 안전이 최우선이며, 동시에 우리는 무엇이든 최고가 되어야 한다는 강한 신념의 전달이었다.

포스코가 폭파 기념식 사건을 통해 보여준 최고 수준 지향 정신은 한국의 다른 성공한 기업들에서도 찾아볼 수 있다. SK 그룹의 최종현 회장이 주창한 수펙스나, 삼성그룹의 이건희 회장이 강행했던 불량 휴대전화 소각 사건과 초격차 주문 등이 그 예가 될 것이다. 모두 한국의 기업가들이 얼마나 최고를 위해 노력하는지 알 수 있는 대목이다. 결국, 포스코가 세계 최고의 철강회사가 된 것은 설립 초기부터 작은 부실도 용납하지 않겠다는 초대 회장의 기업가 정신에서 비롯된 셈이다.

 **투명경영과
공정인사**

포스코는 설립부터 정치적인 외압에 노출되어 있었다. 정치적인 외압은 곧 조직 내부의 사내정치를 유발한다. 공기업으로 출발한 포스코는 한국 유일의 대규모 철강업체였고, 설립 초기부터 직원들에 대한 처우와 복지 혜택이 최상의 수준이었다. 그 때문에 외부의 청탁 압력이 매우 거세고 다양했다. 초대 박태준 회장은 이를 철저하게 막고 나섰다. 스스로 방패막이가 되어 어떤 외압에도 굴복하지 않고 투명경영과 공정인사의 철칙을 지켜나갔다. 이러한 전통은 이후의 CEO들에게도 이어졌다. 심지어는 자신의 임기가 단축되는 위험을 감수하면서까지 이 원칙을 고수했다.

1999년 소유와 경영이 분리되는 글로벌전문경영체제GPM: Global Professional Management의 도입으로 독립된 이사회의 기능을 강화한 것도 외부의 영향력을 낮추는 데 기여했다. 형식적인 심의와 승인에서 벗어나 경영전략의 입안 조율 및 승인, 경영지표 모니터링, 최고경영자의 선임, 육성 및 보상, 기업가치 기준 설정 및 위기관리 등 실질적으로 경영을 감독할 수 있는 기능을 강화했다. 외견상으로는 내부경영진에 대한 견제와 감시의 기능이 강화된 것이지만, 실질적으로는 이로 인해 외부의 불필요한 외압도 막아낼 수 있었던 셈이다.

이사회 기능의 강화는 공기업에서 출발해 민영화된 다른 대기업과는 달리, 포스코의 CEO들 대부분이 조직 내부에서 선임될 수 있었던 배경이기도 하다. 주기적인 CEO의 교체는 조직에 건강한 긴장감을 불어넣었는데, 특히 내부에서의 CEO 승계는 최고경영자가 되고자 하는 후보들뿐만 아니라, 구성원들에게도 사내정치보다는 자신이 맡은 업무에 대한 책임과 실력 그리고 성과로 승부를 보겠다는 분위기를 만들어주었고, 지금까지 이를 당연한 것으로 여기는 전통으로 이어져오고 있다.

구성원 행복이
최고의 가치

철강 산업은 장치 산업으로, 노동집약적이 아니라 자본집약적인 산업이다. 따라서 자칫 사람이 우선순위에서 배제될 수 있다. 하지만 장치 산업의 생산성도 결국 사람의 손에 달려 있다. 기계장치가 자동으로 고품질의 제품을 만들어 내는 것은 아니다. 심지어 AI로 작동하는 스마트팩토리에서도 숙련된 사람에 의한 매 순간의 판단은 운영에 있어 필수조건이다. 장치 산업에서도 예외 없이 구성원들이 직장에서 행복하지 못하면 회사는 오래가지 못한다.

포스코는 설립 당시부터 사람이 중요함을 알고 있었다. 구성원들을 위한 복리후생과 사택 등 생활공동체에 대한 포스코의 과감한 투자는 유명하다. 지금은 한국의 생활과 교육 수준이 높아져서 덜 주목받지만, 1990년대까지만 해도 한국을 방문하는 외빈들이 반드시 견학하는 곳이 포항제철소 공장과 사원들을 위한 주택단지였다. 당시 외빈들은 두 번 놀랐다고 한다. 처음에는 공장임에도 여느 공장과는 달리, 마치 공원처럼 깨끗하고 아름다운 주변 환경에 놀라움을 표시했다. 그리고 주택단지를 방문하면 더욱 놀랐다. 마치 전원휴양소처럼 꾸며진, 자연환경과 조화를 이룬 단지와 유치원부터 대학까지 구성원들이 마음 놓고 자녀들을 키울 수 있는 교육환경은 어디서도 볼 수 없는 광경이었기 때문이다. 재미있게도 구소련의 한 정치인이 포스코 주택단지를 방문하고 나눈 소감에서 자신들이 꿈꾸던 사회주의가 실제로 실현된 곳이 바로 여기라고 말했다는 이야기가 전해질 정도다.

포스코의 기업시민은 Business, Society 그리고 People 세 가지 축으로 구성된다. 그 가운데 '신뢰와 창의의 조직문화로 구성원이 보람과 행복을 느끼는 회사'를 지향하는 People with POSCO는 설립 초기부터 지금까지 변함없이 이어져오고 있는 포스코의 핵심 가치 중 하나다. 포스코 구성원들의 회사에 대한 남다른 충성심은 여기에서 비롯되었을 것이다. 공장에 사고가 나면 누가 시키지 않았는데도, 퇴근했다가도 회사로 모두 모이는 광경은 다른 회사에서는 쉽게 볼 수 없는 모습이다. 아마도 철강 산업의 전통적인 노사 관계와는 다르게 투쟁적 노동조합운동을 포스코에서는 볼 수 없는 이유이기도 할 것이다.

기본에 충실하라 :
체계적인 경영관리

마지막으로 포스코의 성공 요인으로 꼽고 싶은 것은, 기업 활동의 기본인 체계적인 경영관리다. 외부로 드러나는 성과의 이면에는 경영관리 체계라는 초석이 있다. 이것은 지난하지만 성실하고 꾸준하게 기본을 지켜야 유지될 수 있는 것이다. 화려하게 등장했다 사라져간 많은 기업의 실패 요인도 기본기의 부재에 있지 않았을까.

한국의 1960년대는 이제 막 한국전쟁의 폐허에서 벗어난 상태였다. 현대적인 의미에서 기업다운 기업이라곤 없었으니, 보고 배울 아무런 경영지식도 없었던 것이다. 심지어 한국의 대학에 경영학이라는 학문조차 정착되기 이전이었다. 이런 척박한 환경에서도 박태준 회장은 체계적이고 합리적인 경영관리가 뒷받침되지 못하면, 포항제철소에서 아무리 좋은 제품을 생산해낸다고 하더라도 오래가지 못하고 사상누각이 되리라는 것을 깨달았다. 아마도 일본의 와세다대학교에서의 학업과 미국 육군 부관학교에서의 수학이 이러한 깨달음을 주었을 것이다. 박태준 회장은 특히 산업의 특성에 맞는 경영관리 체계를 강조했다(서갑경, 1997). 삼성 이건희 회장이 강조했던 업의 본질과 닮아있다.

생산, 구매, 재무, 인사를 포함하는 체계적인 경영관리는 시스템의 표준화를 가능하게 만들었고, 각종 혁신과 최근의 스마트팩토리의 성공적인 도입의 원천이 되었다. 체계적인 경영관리의 일환으로, 생산관리 분야에는 2002년부터 MES Manufacturing Execution System를 도입했다. MES는 생산공정에서 최적의 베스트 프랙티스를 찾아내 전 공정에 확대 적용함으로써 포항과 광양, 양 제철소의 모든 공장이 마치 하나의 시스템으로 운영되는 것과 같은 효과를 가져다 주었다. 또한, 국내뿐만 아니라 해외공장에서도 동일한 표준화가 적용 가능해졌다. 이는 모든 공장에서 납기의 단축과 품질의 균등으로 이어져 고객의 요구에 다양하게 대응할 수 있는 역량으로 작용했다. 현재는 MES 3단계로 포스코를 등대공장에 선정케 한 스마트팩토리가 작동할 수 있는 원동력이다. 포스코는 MES3.0을 통해서 생산과 품질의 실시간 정보를 통합 관리하고 생산 효율을 높일 수 있게 되었다.

참고 문헌

① 서갑경,《철강왕 박태준의 경영이야기》, 한언, 2011

② 송호근,《혁신의 용강로: 벅찬 미래를 달구는 포스코 스토리》, 나남출판, 2018

2부

대한민국의
서비스기업

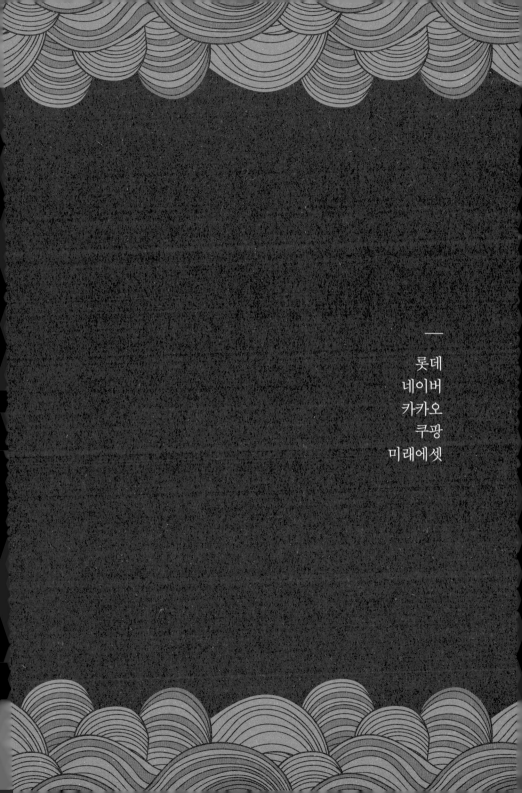

—

롯데
네이버
카카오
쿠팡
미래에셋

롯데

거대한 꿈을 꾸고, 그 꿈을 현실로 만든 경영 노하우

강력한 브랜드 스토리

큰 꿈을 꾼 사람Big Dreamer이 초강력 브랜드를 만든다!

고 신격호 명예회장은 1921년 10월 4일 경남 울산 삼남면 둔기리에서 5남 5녀의 만이로 태어났다. 1942년 그는 작가가 되겠다는 뜻만 품은 채 일본으로 건너갔다. 와세다 고등공학교 응용과학과를 어렵사리 다닌 그는 해방 후 일본에서 껌 사업으로 대박을 터뜨리며, 1948년 직원 10명으로 주식회사 롯데를 설립했다. 한국전쟁 후에는 종합 제과 기업 '롯데제과'를 창립하고, 한일 수교 후 한국 사업 확대에 나섰다. 이후 한국의 경제개발계획에 부응하며 제과·호텔·백화점 등 굴지의 유통 전문 기업그룹으로 일궈냈다. 그후 건설·석유화학 등으로 사업을 확장해나간 롯데는 2000년 이후

마침내 한국 재계 5위 기업에 올랐다.

2017년 4월 신격호 회장은 자신이 1980년대 초반부터 구상했던 123층짜리 롯데월드타워(국내 최고층, 세계 5위) 준공식에 참석했다. 과거 한 매체와의 인터뷰에서도 밝힌 것처럼 '세계 최고의 빌딩을 지어 세계가 한국을 인정하게 만들겠다'라고 한, 거대한 꿈을 이루었다.[1]

모든 시작은 기업 브랜드명에서 비롯된다. 롯데라는 초강력 브랜드는 신 회장의 괴테 사랑에서 비롯된 것이었다. 첫 사업인 '히카리(光) 특수화학연구소'의 화장품 제조를 중지하고, 껌 사업에 본격적으로 집중하면서 식품에 걸맞은 사명을 지으려고 상당한 시간 고민했다고 한다. 결국, 그의 애독서의 주인공인, 누구에게나 사랑받는 영원한 여성의 이름으로 회사명을 짓게 된다. 괴테의《젊은 베르테르의 슬픔》이 기업 브랜드 롯데를 탄생시킨 것이다.

기업 브랜드에서 '히카리[光: 신격호 회장의 일본 이름 '重光(시게미츠)]'는 사라졌지만, 지금도 일본 롯데 OB 모임 '롯데히카리회', '광윤사(光潤社)' 등에는 '히카리'가 남아있다.

---

1) 《나의 아버지 신격호》(비출판) 출판사 서평 중 https://cafe.naver.com/booknbeanstalk/736369

거화취실(去華就實): 화려함을 멀리하고 실리를 추구한다[2]

청년 신격호는 '조선인'이라는 불리한 조건을 성실과 신용으로 극복했다. 평소 그의 성실성을 눈여겨본 한 일본인 투자자의 출자로 1944년 커팅오일 제조 공장을 세움으로써 기업 경영인으로서의 첫발을 내딛게 된다. 하나미쓰라는 일본인이 사업을 해볼 것을 제의하며 당시 돈 5만 엔을 선뜻 내주었던 것이다. 이 돈으로 첫 사업을 시작했지만, 미군기의 폭격으로 가동해 보지도 못하고 공장은 전소되고 만다.

어렵게 시작한 사업이었으나, 폭격으로 공장이 전소되는 시련에 맞닥뜨리게 된 것이다. 그래도 신 회장에 대한 하나미쓰의 신뢰는 변함없었다고 한다. 신 회장은 이후 재기에 성공해 1년 반 만에 투자금을 모두 갚고 고마움의 표시로 하나미쓰에게 따로 집을 한 채 사 주었다고 한다.[3] 전쟁과 이국에서의 사업이라는 불우한 환경을 극복하는 과정에서 만들어진 철학이 '거화취실'이다.

창업주 신 회장의 집무실에는 '거화취실'이라고 쓴 글의 액자가 걸려 있었다. 화려함을 멀리하고 실속을 추구하는 그의 정신을 잘 보여주는 대목이다. 신 회장은 한국과 일본을 오갈 때도 혼자서 직

---

2) 롯데면세점 A임원 인터뷰
3) 롯데면세점 A임원 인터뷰

접 서류 가방을 들고 비행기를 탔다. 그뿐만 아니라 다른 대기업 회
장들과 달리 사무실이 아주 소박했다.

타임머신경영

신 회장은 1년의 절반은 한국, 나머지 절반은 일본에
서 지내는 '셔틀경영'으로 유명했다.

신격호 자신이 "한국에 있을 때는 일본의 장단점이 명확하게 보
이고, 일본에 있을 때는 한국의 장단점이 명확하게 보여 삼자적 관
점에서의 미래 경영이 가능하다"라고 타임머신경영을 설명한 바
있다.

타임머신경영은 해외에서 성공한 비즈니스 모델이나 서비스를
발 빠르게 일본에서 전개해 퍼스트 무버 first mover로서의 이익을 챙
기는 경영기법이다. 이는 소프트뱅크 창업자 손정의가 자신의 경
영 방법을 타임머신경영이라 이름 지은 데서 유래한다. 이 같은 면
에서 일본의 성공 사례를 한국경제에 이전한 한국 롯데가 원조 타
임머신경영 주체라 할 수 있다. 그는 한일 양국의 20~30년간의 발
전 시차를 활용한 타임머신경영을 펼치며, 5성급 호텔, 테마파크,

백화점, 편의점 등 일본에서 먼저 성공한 비즈니스 모델을 발 빠르게 한국에 들여왔다. 그리고 거금을 한국 사업에 투자해 성공을 끌어낸 것이다. 경영방식 면에서 롯데는 타임머신경영의 모범사례라고 볼 수 있다.

공간 혁명

롯데그룹은 제과 사업에 이어서 투자한 롯데백화점과 호텔롯데, 롯데면세점이 대성공하며 한국의 '관광'과 '유통' 자원을 보유한 리딩 그룹으로 모습을 바꾼다. 그 관광과 유통 자원의 집대성이라고도 할 수 있는 것이 바로 '롯데월드'다. 서울올림픽 개최 결정에 따른 개발 붐과 한국의 경이적인 경제 성장과 맞물려 롯데그룹은 1980년대 이후 한국의 대표적인 대기업으로서 확고한 지위를 구축하게 되었다.

서울 잠실에 초고층 건물을 세우려 한 것도 단순히 경제적 이유 때문이라고 보기는 어렵다. 롯데월드타워는 1987년 부지 매입부터 2016년 최종 완공까지 약 30년 동안 지속해 특혜의혹에 시달렸다. 경제적인 면만 추구했다면 차라리 아파트를 짓는 게 낫지 않았을까, 생각해본다. 신 회장은 줄곧 한국에 기념비적인 무언가를 남기

고 싶다고 말하곤 했다.

대규모 쇼핑몰인 롯데쇼핑은 지역경제에 미치는 영향이 크다. 예를 들어, 서울 잠실에 롯데월드가 들어서기 전에는 올림픽 경기장과 서민 아파트가 있다고 해도, 사람들이 많이 살지 않는 허허벌판이었다. 그러나 롯데월드가 들어서자 일본인을 비롯한 외국인 쇼핑 관광객들이 이 지역을 찾아오기 시작했다. 아울러 롯데월드를 찾는 서울시민들의 수도 증가했다. 이렇게 사람들이 유입되어 대형상권이 형성되고, 뒤이어 고층 아파트와 업무 빌딩들이 들어서면서 잠실은 서울 동부의 자부심으로 성장했다. 롯데월드가 없었다면 지금과 같은 잠실의 모습은 상상할 수도 없었을 것이다.[4]

똑같은 건축 바닥면적이라면 100층 이상의 슈퍼타워보다 40~50층의 트윈타워를 짓는 것이 여러 면에서 효율적이고 경제적이라고 평가된다. 신 회장의 조국 사랑을 엿볼 수 있는 대목이다.

슈퍼타워의 경우 엘리베이터 수나 설비를 위한 공간이 늘어나 바닥면적의 효율이 떨어진다. 또한, 공사비가 더 많이 든다. 100층 이상의 건물은 기초부터 기둥, 보의 프레임까지 상당한 강도가 필요한 만큼 특수 시공기술을 적용해야 한다. 그 때문에 시공 기간이

---

[4] 《롯데와 신격호, 도전하는 열정에는 국경이 없다》, 임종원 저, 청림출판
https://book.naver.com/bookdb/book_detail.nhn?bid=6326495

장기화되면서 공사비가 올라간다. 그뿐만 아니라, 플랜과 디자인에 따라서는 공사 소요 비용이 훨씬 더 많이 든다.

그럼에도 불구하고 전 세계에서 왜 슈퍼타워Super Tower 건설이 계속 이어지는 것일까? 그 이유 중 하나는 '슈퍼'라고 부르기에 걸맞은 위용과 그 도시에서 최고라는 긍지가 숫자만으로는 평가할 수 없는 가치를 낳는다고 인식되기 때문일 것이다.[5]

롯데는 일본 회사?

사업가의 국경은 없어도 기업가의 조국은 있다. 한국인이 일본에 건너가서 시작한 기업이지만, 이제는 일본 롯데보다 한국 롯데의 비중이 10배 이상 커졌다. 일본 언론들이 평가하는 롯데의 정체성도 재일한국인 교포가 세운 한국 회사에 가깝다.

〈교토통신〉은 1940년대 초반 한반도에서 일본으로 건너간 신격호 회장이 롯데를 설립하기까지의 과정을 전하면서 "10대에 혼자 (일본으로) 출국해 일본과 한국에서 거대 그룹을 구축한, 재일한국

---

5) 《신격호의 도전과 꿈》, 오쿠노 쇼 저, 오현정 옮김, 나남출판

인 중 입지전적인 인물"이라고 평가했다.

〈블룸버그〉는 "전쟁으로 짓밟힌 한국을 재건하기 위해 정부와 한 팀이 되어 일한 마지막 사업가 세대 가운데 한 명이었다"라며 "이들 세대는 '한강의 기적'이라는 별칭의 급속한 산업화를 이끌었다"라고 신 회장을 평가했다.

롯데가 2017년 지주회사체제로 전환하기 전까지 지배구조의 최상단에 있던 호텔롯데도 한국으로 돈이 들어오는 입구였지 빠져나가는 출구는 아니었다. 호텔롯데는 1973년부터 수십 번의 유상증자를 통해 한국에 자본을 공급하는 역할을 했다. 일본 주주에게 배당을 시작한 건 2005년부터다. 일본 롯데 직원들도 이 점이 마음에 들지 않았던 것으로 보인다. 신격호 회장의 장남 신동주는 2017년 8월《나의 아버지 신격호》라는 책을 내려고 했다. 돌연 출간이 중단되었지만, 책에는 일본 롯데의 이익을 한국으로 보내는 것에 대한 직원들의 불만을 엿볼 수 있는 대목이 나온다. 당시 출판사가 배포한 보도 자료에 담겨있는 내용이다. 신격호 회장은 직원들의 항의에 이렇게 답변했다고 한다.

"롯데의 모체는 일본에 있다. 그러나 보다 큰 수익을 기대할 수 있는 곳에 투자하는 것은 기업가의 의무다. 안과 밖을 구별해 회수를 서두르는 것은, 섬나라 근성이라 할 수 있는 일본인다운 발상 아닌가. 지금과 같은 일본의 상황이 언제

　　　　　대한민국을 선진국으로 이끈 K-경영

까지고 계속될 리도 없고, 장래에는 일본 롯데가 도움을 받게 될 수도 있다." [6]

일본 롯데제과는 1988년에 2,500억 엔가량의 매출 성적을 거두며 업계 톱이 되었다. 한국 롯데그룹은 같은 시기에 2조 3억 원(당시 환율 기준으로 3,700억 엔)가량의 실적을 거뒀다. 그러나 2015년을 기준으로 놓고 보면 일본 롯데의 매출은 3,145억 엔가량이고, 한국 롯데의 매출은 엔화로 환산하면 6조 4,798억 엔가량이다. [7] 매출로 보면 한국 롯데가 일본 롯데보다 24배 크고, 고용인원도 26배 많다. 결론적으로 현재 롯데는 일본 회사이면서 한국에서 더 성공한 한국 회사다.

해외사업과 디지털 전환

롯데는 궁극적으로 아시아를 넘어 글로벌 기업으로 성장해 국가와 사회 발전에 이바지하겠다는 신념을 가지고 있다.

6) '경계인(境界人) 신격호', 〈비즈니스워치〉, 2019.12.24, https://post.naver.com/viewer/postView.nhn?volumeNo=27142214&memberNo=997329&vType=VERTICAL
7) [롯데를 만든 남자] '신격호 상점'을 유통제국으로 만든 조력자들, 〈시사저널〉, 2021.2.9 http://www.sisajournal.com/news/articleView.html?idxno=211623

2011년 신동빈 회장이 취임한 이후부터 매출의 30%를 해외에서 올린다는 목표를 가지고 중국, 러시아, 베트남, 인도네시아에 진출했다. 그러나 전반적으로 롯데쇼핑의 해외사업은 부진했고, 사드 사태를 맞으며 중국에서 철수하는 등 그 성과가 미약했다. 더불어 코로나19로 인해 주축사업인 유통과 호텔이 부진함에서 벗어나지 못하고 있다. 이는 롯데의 전통적인 장점인 대면 서비스가 발휘되기 힘든 환경으로 세상이 변해버렸기 때문이다.

이후 코로나 환경에서 이루어진 이베이 인수전에서도 네이버-이마트의 연합 세력에 완패했다. 결국, 향후 기존 아날로그 사업의 디지털 전환을 가속하고, 동시에 고도성장 중인 이커머스 시장에서 성장 모멘텀을 찾아야 하는 과제를 떠안게 되었다. 한국을 대표하는 유통 명가 롯데그룹의 성장 비결은, 1대 회장의 큰 꿈과 미래를 그리는 기획력, 그리고 거화취실을 모토로 소리 없이, 그러나 멈추지 않고 70여 년을 한결같이 걸어온 데 있다.

그러나 이 같은 성공에도 1대부터 2대까지 이어진 형제들 간의 지속적인 불화와 갈등 그리고 경직화된 조직문화는 롯데의 향후 성장 잠재력을 제어하는 위험요인으로 작용하고 있다. 오프라인 소매업 종말의 시대를 맞이해 롯데의 리셋이 절실히 필요한 시점이다.

참고 문헌

① 오쿠노 쇼,《신격호의 도전과 꿈》, 오현정 옮김, 나남출판, 2020
② '롯데를 일궈 낸 신격호론(ロッテを創った男 重光武雄論)', DIAMOND, November 25, 2020
③ '한국과 일본을 오가며 거대기업을 일으킨 남자의 궤적(日韓を股に掛けて巨大財閥を築いた男の軌跡)', DIAMOND, 2020.11.25~연재 중
④ 김태훈,《신격호는 어떻게 거인 롯데가 되었나》, 성안북스, 2014

네이버

기술 플랫폼으로 세계 제패를 꿈꾸는 기업

네이버,
글로벌 새 역사를 쓰기 시작

　　네이버는 지난 20년간 플랫폼 기업으로 성장해왔다. 그 과정에서 축적한 경험과 기술, 창업가정신 등을 바탕으로 최근 글로벌 기술 플랫폼으로서의 존재감을 과시하며, 혁신기업으로서의 새 성장모델을 제시하고 있다. 네이버는 2010년 이후 끊임없이 해외 진출을 시도해왔다. 초기에 여러 차례 실패도 겪었지만, 최근 다양한 사업 부문에서 해외사업을 성공적으로 론칭시키며, 본격적인 글로벌경영을 시작하고 있다.

　오랫동안 사업을 추진해온 라인이 일본에서 성공한 이후, 웹툰의 미국 진출에도 성공했다. 최근에는 스노우, 제페토, 브이라이브가 북미, 유럽, 동남아 등에서 고성장하는 등 글로벌 사업의 성공이

봇물 터지듯 이어지고 있다. 특히 코로나가 발생한 2020년 이후 다양한 사업영역에서의 글로벌 진출이 더욱 활성화되고 있다. 커머스, 웹툰, 메타버스, C2C(중고거래) 등을 중심으로 해외 직접 진출과 투자가 가속화되고 있는 모습이다.

그런데 네이버의 글로벌경영 모델은 그동안 한국의 재벌그룹이 보여준, 오프라인 중심의 해외 진출과는 확연히 다른 방식이다. 기술과 콘텐츠, 그리고 플랫폼을 통한 해외 진출이라는 새로운 모델을 보여주고 있는 것이다. 이러한 네이버의 글로벌경영을 관통하는 키워드를 하나만 꼽자면 단연 기술이다. 즉, 네이버의 포털사이트나 스마트스토어를 해외에서 똑같이 재현하는 수준의 해외 진출이 아니라, 기술 플랫폼 기업으로서 현지 시장수요에 가장 적합한 기술을 맞춤형, 모듈형으로 구성하고, 현지 파트너와의 협력을 통해 최적의 솔루션을 현지에 제공하는 방식이다. 네이버는 검색, 커머스, 광고, 콘텐츠, 인프라와 로봇에 이르기까지 다양한 영역에서 자체 기술을 확보하고 있다. 따라서 글로벌시장에서 기회만 엿보이면 국내에서 갈고닦은 기술을 들고 바로 세계로 나서고 있다.

네이버의 성장 스토리와
글로벌 진출 역사

　　네이버는 1999년 6월 2일 자본금 5억 원 규모의 작은 회사로 출발했다. 당시 네이버의 목표는 사람들이 인터넷에서 원하는 정보를 잘 찾을 수 있도록 좋은 검색엔진을 만드는 것이었다. 하지만 이미 국내 인터넷 시장은 야후코리아, 라이코스와 같은 글로벌 기업들이 장악하고 있어서 경쟁이 쉽지 않은 상황이었다.

　　네이버는 2000년 4월 글로벌 기업과의 경쟁에서 살아남기 위해 한게임과 마케팅 솔루션업체 원큐를 합병하고, 검색 솔루션 개발업체 서치 솔루션 인수를 발표했다. 합병 1년 후, 한게임은 네이버의 기술력을 기반으로 유료화에 성공하면서 안정적인 매출을 내기 시작했다. 네이버 역시 한게임을 통해 유입된 트래픽을 동력으로 지식iN, 블로그, 카페와 같은 서비스를 성공시키고, 한국어 웹문서가 부족한 국내 인터넷 환경의 한계를 극복하며 성장하고 있다.

　　그 결과 2002년 코스닥 시장에 진입하고, 2000년대 중반 이후 국내 대표 검색포털로 자리 잡게 된다. 이로써 한국은 '구글이 검색시장을 장악하지 못한 몇 안 되는 나라'로 세계의 주목을 받았다.

　　네이버는 창업 초기부터, 작은 국내 시장을 벗어나 글로벌시장에 진출한다는 목표를 세우고 해외 진출을 도모했다. 국내에서도 아직 자리 잡지 못했음에도, 네이버는 설립 2년 차인 2000년 11월 22일 네이버재팬을 설립하고, 이듬해 4월 네이버재팬 사이트_{naver.co.jp}를 오픈했다.

당시 야후재팬과 구글이 장악하고 있는 일본 시장의 벽은 높았다. 네이버 검색의 해외 진출 첫 도전은 사실상 실패로 돌아갔다. 하지만 2006년 6월 검색엔진 첫눈을 인수하면서 글로벌시장에 다시 한번 도전하게 된다. 2009년 9월 트위터 마토메를 출시하고, 2010년 4월 라이브도어를 인수하는 등 다양한 시도를 이어가던 중 2011년 3월 동일본 대지진을 겪게 된다. 이를 계기로 네이버는 전화를 쓸 수 없는 재난 상황에서도 연락을 가능하게 해주는 모바일 커뮤니케이션 도구를 개발하기 시작했다.

그렇게 탄생한 라인이 2011년 6월 출시되었고, 이후 빠른 속도로 성장하면서 전 세계 수억 명이 사용하는 글로벌 메신저로 자리매김하게 되었다. 이러한 성과를 바탕으로 2016년 7월 라인은 뉴욕과 도쿄 증시에 동시 상장되었고, 그해 상장된 IT 기업 중 최대 규모를 자랑하며 전 세계적으로 크게 주목받았다. 우리나라에서 시작된 인터넷 기업이 뉴욕과 도쿄 증시에 동시 상장된 첫 사례이기도 하다.

라인의 성공 이후에도 네이버는 웹툰, 스노우, 제페토, 브이라이브 등 다양한 방면에 도전하며 글로벌 무대에서 존재감을 키워왔

표1 · 네이버의 주요 연혁 및 글로벌 진출 역사

연도	월	내용
1999	6	네이버컴(주) 설립, 검색포털 '네이버' 시작
2000	4	한게임, 원큐, 서치 솔루션 인수합병
2000	11	네이버재팬 설립
2002	10	코스닥 등록
2005	5	네이버 미국 법인 설립
2006	6	검색엔진 첫눈 인수, 글로벌시장 재도전
2009	9	트위터 마토메 출시
2010	4	NHN재팬, 라이브도어 인수
2011	6	라인 출시
2013	4	NHN재팬 라인주식회사로 사명 변경
2016	6	라인주식회사, 뉴욕 및 도쿄 증시 동시 상장
2017	5	네이버웹툰 별도법인 설립

다. 최근에는 북미, 유럽, 일본에서 글로벌 투자를 발표하며 글로벌 시장에서의 더 큰 성장을 준비하고 있다.

코로나19 이후 더욱 빨라진
네이버의 글로벌경영

<u>라인, 야후와의 합병을 통해</u>
<u>일본에서 본격적인 시장공략 단계에 들어서다</u>

네이버는 오랜 기간 일본 시장의 공략을 시도했는데, 그 중심은 라인 메신저였다. 그리고 2021년 3월 네이버와 소프트뱅크는 라인과 야후재팬의 경영을 통합하는 통합법인을 설립하면서 단숨에 일본 최대 인터넷 플랫폼이 되었다. 일본 내 SNS 1위인 라인의 이용자 8,200만 명, 일본의 국민 포털 야후재팬의 6,700만 명의 회원을 합친 통합법인의 일본 내 월간 사용자 수는 1억 5,000만 명에 이른다.

네이버는 합병 이후 먼저 라인과 야후재팬에 네이버의 스마트스토어 기술을 접목하고 있으며, 2021년 하반기에 정식 출시하려는 계획을 세웠다. 그러면 네이버가 국내 시장에서 입증한 스마트스토어 기술을 제공하고, 라인이나 야후재팬은 그 기술을 일본 상황에 맞는 서비스로 전환해 제공하게 된다. 그리고 향후 커머스 기술뿐만 아니라 검색, 광고, 인프라 등 다양한 기술들을 라인과 야후재팬 플랫폼들에 차례차례 접목할 계획이다.

웹툰 비즈니스는 북미지역에서 고객기반을 확대하며 성장 중

2004년 한국에서 처음 론칭한 네이버웹툰은 전 세계 1위 사업자로서 2020년 말 기준 글로벌 사용자 수 7,200만 명을 돌파했다. 현재는 10개 언어로 100개국 이상에서 서비스되고 있다. 특히 세계 최대 인터넷 시장인 북미지역에서 웹툰의 월간 사용자 수는 1,000만 명을 넘어섰다. 네이버는 2020년 말 네이버웹툰 본사를 미국 법인인 웹툰 엔터테인먼트로 옮겼다.

2021년 1월에는 캐나다에 본사를 둔, 글로벌 1위 웹소설 플랫폼 왓패드의 지분 100%를 6,600억 원에 인수했다. 이로써 네이버웹툰의 7,200만 명 고객에 9,400만 명의 왓패드 고객이 합쳐져 1억 6,600만 명에 이르는 글로벌 사용자를 확보하게 되었다. 특히 웹툰과 웹소설 사용자들 대다수가 Z세대인 만큼 향후 높은 성장이 기대된다. 또한, 네이버웹툰과 왓패드의 결합은 대형 플랫폼의 역할이 단순히 콘텐츠만 유통하는 데 그치는 것이 아니라, 콘텐츠 기획·제작과 오리지널 콘텐츠 확보까지, 다양한 수익사업이 가능해짐을 의미해 향후 더욱 큰 성장이 기대된다.

엔터테인먼트 분야는 하이브 등의 엔터사와 함께 글로벌시장 공략

네이버는 그동안 K-팝 콘텐츠 분야의 YG엔터테인먼트, SM엔터테인먼트 등에 투자해왔는데, 최근에는 BTS가 속한 하이브(구, 빅히트 엔터테인먼트)와도 협업 중이다. 네이버와 하이브는 각자의 팬십 커뮤니티인 브이라이브와 위버스를 통합해 새로운 글로벌 팬커뮤니티 플랫폼을 만들 계획이다. 네이버는 최고의 기술력을 갖추고 있고, 하이브 등 엔터테인먼트 기업은 글로벌 10대 팬을 두텁게 확보하고 있어, 플랫폼 통합으로 인해 글로벌 엔터테인먼트 시장에서의 경쟁력이 대폭 강화될 것이다.

국내 주요 엔터사들이 투자한 네이버 플랫폼도 있다. 네이버의 자회사 네이버제트에 YG엔터테인먼트, JYP엔터테인먼트가 각각 50억 원을, 하이브는 70억 원을 투자했다. 네이버제트의 메타버스 플랫폼 제페토의 가입자는 현재 2억 명이며, 90%가 해외사용자, 80%가 10대 사용자다. 인스타그램, 스냅챗 등 글로벌을 주도하고 있는 플랫폼들도 초기에는 주로 10대들이 활동하며 성장하기 시작했다. 이런 점에서 네이버의 메타버스 플랫폼인 제페토의 성장 가능성은 매우 높다고 하겠다.

C2C(개인 간 거래) 비즈니스는
유럽 등 플랫폼 기업에 공격적으로 투자

구글, 아마존 같은 대형 빅테크 기업이 공략하지 못한 사이, 네이버는 유럽과 아시아의 C2C 기업들과 손을 잡았다. 네이버는 벤처캐피털 코렐리아캐피털을 통해 2021년 2월 스페인 1위의 리셀 플랫폼

왈라팝에 1,550억 원을 투자했으며, 프랑스의 명품 리셀 플랫폼 베스티에르에도 투자했다. 2020년 9월에는 싱가포르의 중고거래 플랫폼 캐러셀에도 투자했다. 거래되는 상품의 종류는 많지만, 상품 공급이 일정하지 않은 중고 상거래 플랫폼 특성상, 네이버의 AI 추천 기술이나 검색 기술을 이들 기업에 접목할 수 있을 것이다. 또한, 광고나 스마트스토어 기술도 활용할 수 있어 향후 네이버는 글로벌 C2C 사업자로서의 위상을 보다 강화해나갈 것이다.

글로벌경영의
핵심 성공요인

인공지능 등 첨단기술을 통한 해외 진출이라는,
차별화된 경쟁력 보유

네이버의 글로벌경영을 관통하는 키워드는 기술이다. 즉, 네이버의 해외 진출은 네이버 포털사이트를 해외에 똑같이 접목하는 차원이 아니라, 기술 플랫폼 기업으로서 현지 시장수요에 맞는 기술을 맞춤형으로 구성해 현지 파트너와 협력하는 방식으로 진행된다. 네이버는 검색, 커머스, 광고, 콘텐츠 등 다양한 영역에서 자체 기술을 확보하고 있으며, 기회만 포착하면 국내에서 갈고닦은 기술을 들고 바로 글로벌 세계로 나설 수 있다.

이런 네이버의 기술은 R&D 투자의 결과다. 네이버는 매년 연간 매출의 약 25%를 R&D에 투자해왔으며, 지난해는 영업이익(1조 2,153억 원)보다 많은 1조 3,321억 원을 R&D에 투자했다. 이는 알파벳, MS, 애플, 페이스북 등 글로벌 기업과 비교해 봐도 최고 수준이다. 네이버가 과감한 R&D 투자를 집행하는 이유는, 기술 고도화가 글로벌 세계에서 차별화된 경쟁력을 낼 수 있는 원동력으로 보기 때문이다. 네이버의 R&D 투자는 인공지능, 빅데이터, 클라우드, 로봇 등 기술 개발에 집중되고 있으며, 특히 최근 인공지능 분야에 대한 투자를 강화하고 있다.

글로벌 Z세대라는 타깃 명확화를 통한 글로벌 시너지 창출

네이버는 글로벌 Z세대를 공략하기 위한 삼각편대를 갖추고 있다. K-팝 등 엔터테인먼트 커뮤니티와 제페토 플랫폼, 왈라팝 등 중고 거래 리셀 플랫폼, 그리고 네이버웹툰과 왓패드 등의 웹소설 플랫폼이 그것이다. 이들 플랫폼 사용자는 모두 Z세대가 절대다수를 차지하고 있으며, 국가를 넘어 글로벌 Z세대가 공히 열광한다는 특징을 가지고 있다.

네이버와 하이브는 각자의 팬십 커뮤니티를 통합해 새로운 글

표2·네이버 주요 해외사업의 Z세대 고객 비중

분야	기업	Z세대 비중
엔터테인먼트	브이라이브	24세 미만 84%
	제페토	10대 80%
콘텐츠	네이버웹툰	Z세대 70%
	왓패드	Z세대 80%
중고거래 C2C	올라팝	Z세대 중심
	베스티에르	Z세대 중심
	캐러셀	Z세대 중심

로벌 팬커뮤니티 플랫폼을 만들 계획인데, 브이라이브의 24세 미만 사용자 비율이 84%다. 또한, 전 세계적으로 10대가 글로벌 메타버스인 제페토 이용 가입자의 80%에 이른다. 콘텐츠 플랫폼인 웹툰과 웹소설 사용자들 대다수도 Z세대다. 현재 네이버웹툰의 70%, 네이버가 최근 인수한 웹소설 플랫폼 왓패드 사용자의 80%가 Z세대다. 중고거래 리셀 플랫폼들은 Z세대가 선호하는 쇼핑 플랫폼으로서, 개성, 친환경, 가성비 등을 중시하는 Z세대가 중고거래 시장의 마니아 고객층을 형성하고 있다.

사업별 경쟁과 성장을 독려하는 CIC 등 창업가정신 발휘

네이버는 2015년부터 사내독립기업 CIC: Company In Company 을 키우며 글로벌 성장동력을 강화하고 있다. CIC는 글로벌 성장 가능성이 큰 조직이 다양한 아이디어를 실행해볼 수 있도록 인사·재무 등 조직 운영 전반에 독립성을 부여하는 제도다. CIC가 자체 경쟁력을 갖추게 되면 별도법인으로 독립하게 되는데, 2017년과 2019년 각각 분사한 네이버웹툰과 네이버파이낸셜이 대표적 사례다.

네이버는 현재 아폴로(창작자 지원), 비즈(광고), 클로바(인공지능), 포레스트(쇼핑), 글레이스(로컬 비즈), 그룹앤(커뮤니티), 서치(검색), 튠(오디오)의 총 8개 CIC 조직을 운영 중이다. 네이버 CIC는 스타트업처럼 민첩성과 혁신성을 살릴 수 있는 좋은 모델로서, 글로벌 공략은 물론 확실한 수익창구가 될 수 있는 제도다. 급속하게 변하고 있는 글로벌 인터넷 비즈니스 환경하에서 CIC는 더욱 순발력 있게 대응할 수 있으며, 글로벌을 지향하는 네이버 전체 사업부 모두에 윤활유 역할을 해주고 있다.

GIO의 원대한 글로벌 사업 목표와 강인한 추진력

이해진 창업자이자 글로벌투자책임자GIO는 네이버 창업 초기부터 일찌감치 해외 진출을 염두에 두었다고 한다. 2010년대 초반부터 본인이 글로벌 진출의 징검다리가 되겠다는 포부를 밝힌 바 있으며, 실제 이해진 GIO는 2017년 네이버 이사회 의장직을 내려놓고 본격적으로 글로벌투자책임자로 역할을 변경한다.

그리고 그는 처음으로 눈을 돌렸던 일본에 직접 가 상주하면서 모바일 메신저 라인을 탄생시키게 된다. 우여곡절도 있었지만 결국 라인은 지금 일본시장 공략의 일등공신이 되었다. 이해진 GIO는 소프트뱅크 손정의 회장과 손잡고 세계 인터넷 시장의 한 축이 될 수 있는 발판을 마련하기도 했다. 무모해 보이는 웹툰의 글로벌 진출도 적극적으로 지원해, 결국 네이버웹툰은 전 세계 1위 웹툰 플랫폼이 되었다. 최근에 인수한 왓패드는 콘텐츠 분야의 독보적인 플랫폼으로 성장하고 있다. 또한, 10년 전부터 프랑스 현지에 직접 나가 유럽 네트워크를 구축하고, 제록스연구소를 인수했다. 이런 그의 행보는 최근 스페인과 프랑스의 C2C 플랫폼 투자로까지 이어지고 있다.

이해진 GIO는 2019년 한 심포지엄 행사에서 "세계는 지금 시가 총액 1,000조 대의 기업이 탄생할 정도로 인터넷 제국주의 시대를 맞고 있다. 네이버가 이런 거인들에 저항하고 버텨 살아남은 회사라는 말을 듣고 싶다"라고 말했다. 현재 네이버는 미국과 중국의 거대 인터넷연합군에 맞서는 또 하나의 세력으로 성장하고 있다. 이해진 GIO의 글로벌을 향한 집념과 의지야말로 현재의 네이버 글로벌 경영을 있게 만든 원동력이자 추진력이다.

네이버를 통한 한국 산업의
새로운 해외 진출을 기대하며…

현재 코로나19로 인한 비대면 상황의 지속으로 한국 기업들의 오프라인 해외 진출 및 무역 등은 대부분 막혀있다. 이런 상황에서 온라인을 통한 네이버의 해외 진출이 성공적으로 진행되고 있음은 시사하는 바가 매우 크다. 전 세계적으로 비대면으로 인한 온라인화가 장기화하리라 예상되는 가운데, 한국의 인터넷 기업이 온라인을 통해 해외 진출을 본격화한다면, 향후 한국 산업의 새로운 돌파구가 만들어질 수 있을 것이다. 왜냐하면, 온라인플랫폼 진출이 K-팝 등의 콘텐츠, 국산 제품의 새로운 판매 채널 확보, 금융 서비스 접목 등 다양한 동반 해외 진출로 연결될 수 있기 때문이다.

향후 네이버 같은 혁신기업의 글로벌경영이 성공적으로 진행되기 위해서는 관련 기업들과의 협업도 중요하지만, 우리 정부의 세제 지원과 규제 완화도 중요하다. 삼성, 현대차 등의 글로벌경영이 성공적으로 진행될 수 있었던 것도 국내 사업이 안정적으로 운영되었기 때문이다. 해외 진출이 확대되더라도 국내에 핵심 역량인 기획, R&D가 남아있어야만 국내 타 산업에의 파급효과, 국내 일자리 창출 등의 지속도 가능해진다. 향후 네이버 같은 혁신기업과 온라인플랫폼들이 해외사업과 국내 사업을 균형 있게 가져감으로써 글로벌 넘버원 기업으로 성장할 수 있도록, 정부와 관련 업계의 적극적인 지원과 협력을 기대해본다.

네이버의 초거대 AI, 하이퍼클로바

··· 인공지능 연구의 핵심 트렌드로 떠오른 '초거대 AI'

2020년 5월, 일론 머스크 등이 투자한 미국의 인공지능 기업 오픈AI$_{OpenAI}$가 'GPT-3'이라는 AI에 대한 논문을 공개하면서 초거대 AI 시대의 막이 열렸다. GPT-3은 기존 AI 모델보다 월등히 많은, 1,750억 개의 매개변수$_{parameter}$를 사용한다. 인간의 언어능력에 가까울 정도로 성능을 끌어올렸다고 평가받는 이유다. GPT-3을 활용해 사람이 쓴 기사와 구별하기 어려울 정도로 완성도 높은 뉴스 기사를 작성할 수 있고, 사람을 대신해 프로그래밍 코드를 짜는 것도 가능해졌다.

GPT-3의 등장 이후 AI가 학습하는 데이터의 규모와 인공지능 모델의 크기가 폭발적으로 커지면서, 초거대 AI가 인공지능 연구

트렌드의 핵심으로 부상하고 있다. 초거대 AI는 대용량 연산이 가능한 컴퓨팅 인프라를 기반으로 대규모 데이터를 학습해 인간처럼 사고·학습·판단하는 AI를 의미한다. AI에서 모델의 크기, 즉 매개변수의 수는 반도체의 집적도Level of Integration와 비슷한 의미를 띤다. 더 높은 집적도를 가진 반도체가 더 높은 성능을 보이는 것처럼, 더 많은 매개변수를 가진 AI 모델은 더 많은 문제를 해결할 수 있다. 이러한 이유로 글로벌 IT 기업들은 더욱 크고 우수한 AI 모델을 개발하기 위한 투자를 늘리고 있다.

　특히 미국과 중국 기업들의 초거대 AI 모델 개발 경쟁이 치열하다. 구글은 2021년 2월 1조 6,000억 개의 매개변수를 사용한 '스위치 트랜스포머Switch Transformer'를 공개했다. 이에 맞서 중국 정부의 지원을 받는 베이징 지위안 인공지능 연구원은 2021년 6월 매개변수가 1조 7,500억 개에 달하는 '우다오WuDao 2.0'을 내놨다. 이처럼 대규모 자본과 인력을 보유한 미국과 중국 기업들은 초거대 AI 모델이 가져올 파괴적 혁신을 기대하며 경쟁하고 있다.

세계 최대의 한국어 초거대 언어모델, 네이버 하이퍼클로바

2021년 5월, 네이버는 자체적으로 개발한 초거대 AI 인 하이퍼클로바HyperCLOVA를 공개했다. 하이퍼클로바는 2,040억 개의 매개변수를 이용해 GPT-3을 능가하는 규모를 갖췄다. 또한, GPT-3보다 한국어 데이터를 6,500배 이상 학습한, 전 세계에서 가장 큰 한국어 초거대 언어모델이기도 하다. 영어가 학습 데이터의 대부분을 차지하는 GPT-3과 달리, 하이퍼클로바 학습 데이터는 한국어 비중이 97%에 달한다. 정석근 네이버 CLOVA CIC 대표는 "글로벌 기업의 플랫폼에 종속되지 않으려면 공개된 기술을 활용하고 따라잡는 수준에 그쳐선 안 된다"라며 "한국어 AI 서비스를 제대로 하려면 한국어에 맞는 초거대 언어모델을 확보하는 것이 중요하다고 보았다"고 개발 배경을 설명했다.

네이버는 하이퍼클로바 개발을 위해 컴퓨팅 인프라와 데이터에 적극적으로 투자하면서 AI 기술 경쟁력을 강화해왔다. 2020년 10월 네이버는 국내기업 최초로 700페타플롭PF 성능의 슈퍼컴퓨터를 구축했다. 1페타플롭은 1초당 1,000조 번 연산할 수 있는 능력으로, 1초에 70경 번의 연산이 가능한 네이버의 슈퍼컴퓨터는 대용량 데이터 처리에 최적의 환경을 제공한다. 또한, 국내 최대 인터넷 플랫폼을 운영하며 쌓아온 대규모 학습 데이터도 하이퍼클로바만의 중요한 경쟁력이다. 네이버는 하이퍼클로바 개발을 위해 5,600억 개의 토큰token의 한국어 대용량 데이터를 구축했다.

슈퍼컴퓨터 인프라와 한국어 데이터 외에 네이버가 보유한 전 세계 최고 수준의 AI 연구개발 역량 역시 하이퍼클로바 개발에 있어 중요한 요소로 작용했다. 네이버는 2021년 한 해 동안 글로벌 톱 AITop AI 콘퍼런스에서 66개의 논문을 발표하며 기술력을 인정받았다. 또한, 서울대, 카이스트와 각각 초대규모hyper-scale AI, 초창의적 hyper-creative AI를 주제로 다루는 공동 연구센터를 설립하고, 수백억 원 규모의 투자와 긴밀한 산학협력을 통해 글로벌 AI 기술 역량 확보에 매진하고 있다.

네이버는 한국어 외 다른 언어로 언어모델을 확장하고, 언어뿐만 아니라 영상이나 이미지 등도 이해하는 '멀티모달multi-modal AI'로 하이퍼클로바를 계속해서 발전시켜 나가고 있다.

쇼핑 리뷰 요약하고 독거 어르신에게 안부전화 하는 하이퍼클로바

하이퍼클로바는 블로그, 지식iN, 뉴스 등 수천만 명이 이용하는 네이버 서비스 내의, 양질의 방대한 한국어 데이터를 기반으로 텍스트에 포함된 다양한 표현들을 스스로 인식한다. 특히 긴 문장을 요약하거나, 새로운 문장을 생성해내는 데 뛰어난 능력을 보인다. 네이버는 검색 서비스를 시작으로, 쇼핑 서비스 등에도 하이퍼클로바의 기술을 적용하는 등 그 상용화에 박차를 가하고 있다.

2021년 5월 하이퍼클로바는 처음으로 검색 서비스에 적용되어, 사용자가 검색어를 잘못 입력하는 경우 올바른 단어로 전환해 검색해주거나, 적절한 검색어를 추천해주는 기능을 선보였다. 2021년 12월에는 텍스트뿐만 아니라 음성 검색에도 적용되어 사용자 질의의 맥락을 더욱 잘 파악하고 자연스러운 검색 경험을 제공하기 시작했다. 하이퍼클로바 기술 적용으로, 발화가 불분명해 낮은 품질의 검색 결과가 제공되던 문제가 약 50% 개선되었다.

2021년 7월 선보인 Ai리뷰 요약 기능은 스마트스토어의 상품 리뷰에 언급된 주요 키워드를 분석해 유사한 내용을 클러스터링한 후, 하이퍼클로바를 통해 제품의 특성을 가장 잘 표현한 한 줄의 문장을 추출하는 기능이다. Ai리뷰 요약은 하이퍼클로바가 방대한 리뷰를 분석한 후 한 줄의 리뷰로 만들어주기 때문에 사용자들이 수많은 리뷰를 모두 읽지 않아도 리뷰의 주요 내용을 한눈에 파악할 수 있다. 하이퍼클로바는 이외에도 네이버 모바일앱의 쇼핑판에 도입되어 복잡한 상품명을 자동 교정하고 있고, AI가 자동 생성하는 쇼핑 기획전인 AiMD에도 탑재되어 있다.

2021년 11월 출시된 클로바 케어콜은 돌봄이 필요한 독거 어르신들에게 전화를 걸어, 식사, 수면, 건강 등의 주제로 어르신의 상태를 확인하고, 어르신의 답변에 따라 자연스럽게 대화를 이어가는 AI 서비스다. 맞장구를 치거나, 추임새를 넣는 등 답변에 적절하게 호응하기도 한다. 이처럼 다양한 주제와 정형화되지 않은 대화의 내용을 AI가 이해하고 자연스럽게 상호작용할 수 있는 것은 '하이퍼클로바' 기술이 적용되기 때문이다.

지금까지 사용자의 일상을 편리하게 만들기 위해 기술과 서비스를 개발해왔던 것처럼 네이버는 첨단기술인 초거대 AI 모델도 '사람을 위한 일상의 도구'로 활용될 수 있도록 가치를 새롭게 바꿔내고 있다. 네이버는 앞으로도 사람들의 일상을 편리하게 만들고 사용자에게 새로운 가치를 제공하기 위해 초거대 AI 기술과 이를 활용한 다양한 서비스를 개발하는 데 집중할 계획이다.

카카오

오늘보다 더 나은 세상을 만들려는 전에 없던 기업

카카오의 존재 이유와
카카오스러움

"카카오는 더 나은 세상을 만들겠다는 회사의 약속과 책임 활
동을 담은 ESG보고서를 발간합니다. 회사가 추진한 환경, 사
회, 지배구조 측면의 성과를 본 보고서를 통해 투명하게 공개
함으로써 이해관계자와 함께 소통하고자 합니다."

이 글은 카카오에서 2021년 6월에 발간한, 〈2020 카
카오의 약속과 책임〉이라는 ESG보고서의 개요다. 이 보고서는 카
카오가 어떤 회사고 어떻게 운영되는가를 잘 설명하고 있다. 더불
어 카카오의 재무성과는 물론 비재무적 성과와 활동도 담고 있다.
카카오가 어떤 생각으로 사업을 하는지 궁금하다면, 좋은 참고가

될 것이다.

카카오 김범수 이사회 의장의 메시지보다 앞서 이 보고서에 소개된 내용은 카카오의 존재 이유와 카카오스러움에 대한 짧지만 강렬한 인상을 주는 설명이다. 스스로 밝힌 카카오의 존재 이유는 두 가지다. 하나는 카카오의 지향점이라고 할 수 있는, '기술과 사람이 만드는 더 나은 세상'을 만들어가겠다는 것이고, 또 다른 하나는 '연결을 넘어 의미 있는 관계로' 비즈니스를 구현하겠다는 사업 방식에 대한 것이다.

김범수 의장은 카카오를 창업할 때 '무엇이 바뀌어야 할까' 고민을 많이 했다고 한다. '대한민국에 없던 회사를 지향해보자'라는 생각이 카카오 창업의 동력이 되었고, 카카오톡을 세상에 선보인 후 10주년이 되는 동안 '기존에 없던 기업'과 이를 통한 사회 문제 해결을 자신의 철학으로 강조해왔다. 오늘보다 더 나은 세상을 만드는 기업을 지향하는 카카오는 불편하고 복잡한 일상에서 일어나는 문제의 본질을 찾아내고, 해결책 제시를 목표로 한 혁신으로 차별적 비즈니스를 끌어내어 성장을 이어가고 있다.

카카오의 존재 이유와 카카오스러움의 핵심은 '새로움과 선함 그리고 다름'이란 세 가지 차원의 진행이다. 이런 점에서 카카오를 신선이(新善異)라고 불러도 좋겠다.

첫째, 새로움(新)을 만들어가는, 기존에 없던 기업이다. 카카오는 모바일 트렌드를 읽고 스마트폰 기반의 메신저 서비스를 시작하며, 전에 없던 새로움을 만들어 낸 기업이 되었다.

둘째, 선함(善)을 근간으로 오늘보다 더 나은 세상을 만들어가는 기업이다. 고객의 불편함과 사회 문제를 해결해 나가며, 선한 의지를 갖고 문제를 찾아 해결해 나가려는 기업이다.

셋째, 다름(異)으로 시장을 개척한, 차별적 비즈니스를 해나가는 기업이다. 2010년 3월에 출시한 카카오톡을 필두로, 카카오는 안정적이며 차별적인 서비스를 제공하는 기업을 만들어왔다.

 카카오의 과거와 오늘:
제이커브와 전략적 변곡점으로 투영하기

신선이 카카오는 2006년 '아이위랩'이란 작은 스타트업으로 출발했다. 하지만 어느새 한국을 대표하는 국민기업으로 훌쩍 몸집도 커지고 실력과 실적도 훨씬 강하고 좋아졌다. 이제는 글로벌 빅테크 기업으로 성장해 나갈 것이란 기대를 한몸에 받고 있다. 카카오톡 출시 10주년을 맞아 "모바일 생활 플랫폼을 넘어 또 다른 변화의 파고에 대응해야 한다"라는 김범수 이사회 의장의 선언에서 카카오의 미래를 가늠해 볼 수 있을 것 같다.

작은 기업이 생존을 넘어 크게 성장하고, 게다가 좋은 사회적 영향력을 발휘하는 기업으로 발전해 나가는 모습을 지켜보는 것은 아주 흥미롭다. 하워드 러브Howard Love는 제이커브J-Curve라는 스타트업 성장모델을 제시했는데, 이는 스타트업이 창업부터 투자금 회수Exit까지 제이J자형의 성장 곡선을 그린다는 이론이다.[1] 제이커브는 성공한 유니콘 기업들의 성장 과정에 제이커브의 6단계 패턴을 적용해 볼 수 있다는 점에서 주목받았다. 카카오의 성장 과정도 이 제이커브로 설명할 수 있겠다. 스타트업은 창업create, 시제품 출시release, 변화 및 전환morph, 비즈니스의 최적화model, 스케일업scaleup, 그리고 수익 창출harvest의 6단계를 거친다고 하는데, 카카오도 이와 유사한 과정을 거치며 성장해왔다.

현재의 카카오의 모태인 벤처기업 아이위랩(1단계, 창업)을 운영하며, 김범수 의장은 PC 시대에서 스마트폰 시대로 급격하게 변화하는 시대의 흐름을 파악했다. 그러곤 동영상과 사진 등 콘텐츠 공유가 가능한 모바일 서비스를 출시했다(2단계, 시제품 출시). 이것이 국내 모바일 대표 메신저로 자리매김하고 있는 카카오톡이다. 회

---

[1] Love, Howard(2016), The Start-Up J Curve: The Six Steps to Entrepreneurial Success, Greenleaf Book Group Press

원 수는 1년 만에 1,000만 명을 돌파했다(3단계, 변화 및 전환). 그 이후 모바일 인터넷 시대의 가능성을 보고 다음Daum과의 합병을 선택해 실행했다. 그리고 김범수 의장이 합병 1년 후 이사회 의장으로 자리 잡으며 비즈니스의 최적화, 스케일업, 수익 창출이 진행되었다.

이렇게 창업 후 생존을 넘어 성장을 이어가는 기업의 동력과 여정을 살펴보는 것은 매우 흥미진진한 일이다.

인텔Intel사의 CEO를 역임한 앤디 글로브Andrew S. Glove는 "모든 사업영역에는 특정한 트렌드가 개별 기업에 직접적인 영향을 미치는 '전략적 변곡점SIPs: Strategic Inflection Points'이 도래한다"라고 주장한 바 있다.[2] 어찌 보면 너무나 타당하고 당연해 보이지만, 인텔의 신입사원으로 입사해 회장직에 오르기까지 오랜 시간 기업의 발전과정을 직접 경험하면서 느낀 점을 피력했다는 점에서, 그의 주장은 경영학계의 주목을 받았다.

전략적 변곡점이 지나고 나서야 사람들은 대부분 이를 인식하고 대응하게 되는데, 혜안이 있는 경영자는 그 시점을 정확히 파악해서 보다 전향적으로 대응하는 점, 보다 명확하고 의미 있는 의사

---

[2] Burgelman, Robert A., and Grove, Andrew S.(1996), "Strategic Dissonance", California Management Review, 38/2 (Winter 1996): 8-28.

결정을 실행한다는 점에서 일반적인 관리자와 구별된다. 카카오의 김범수 의장은 바로 이런 경영자라고 하겠다.

애플의 스티브 잡스Steve Jobs가 스마트폰으로 기존의 휴대전화 시장을 뒤흔들어 놓은 2007년 1월의 시점도 일종의 전략적 변곡점이었다. 그 시점에 김범수 의장은 아이폰을 보며 웹 기반 서비스는 저물고 모바일 시대가 도래할 것을 예상했다. 김범수 의장이 그 시점의 기회를 포착해 만들어 낸 카카오톡은 출시 1년 만에 다운로드 수가 무려 1,000만 건을 넘어서면서 대박이 났다. 급기야 회사 이름도 아이위랩에서 카카오로 변경했다. PC 시절의 성공에 이어 모바일 혁명 초기에 발 빠르게 플랫폼을 좋은 의사결정을 통해 선점하고, 빠르게 실행한 결과다. 그 성공은 아직 진행 중이고 진화하고 있다.

첫 번째 전략적 변곡점에서 카카오는 카카오톡을 세상에 선보였고, 그로부터 10주년이 지난 지금 다시 새로운 전략적 변곡점을 맞고 있다. 김범수 의장은 카카오톡을 키워온 지난 10년을 '시즌1', 2020년 이후의 또 다른 10년을 '시즌2'라고 정의한다. 새로운 전략적 변곡점에서 기존과는 다른 새로운 전략을 수립해 실행하려 하고 있다. 여기에서 카카오는 현재의 모바일을 넘어서 카카오가 나아가야 할 방향과 더불어 최근에 등장한 상생과 글로벌화 이슈를 모두 포괄해야 할 것이다.

여민수, 조수용 카카오 공동대표는 2018년 3월 대표직에 선임된

직후 카카오3.0 시대를 열겠다고 선언했다. 이들은 카카오1.0은 카카오가 모바일이라는 시대적 흐름에 빠르게 진입한 시기이며, 카카오2.0은 메신저를 넘어 커뮤니케이션 그 이상의 다양한 영역으로 사세를 확장한 시기라고 규정했다. 그리고 카카오3.0은 시너지를 통해 성장할뿐더러 적극적으로 글로벌시장으로 영역을 넓혀 나가는 시기라고 설명했다.

그동안의 카카오 사업 내역을 커뮤니케이션과 라이프로 구분해 살펴보면, 카카오가 3단계를 거치면서 어떤 모습으로 성장하고 발전해 왔는지 파악할 수 있다. 지난해 2월 연임에 성공한 공동대표의 카카오3.0 구상은 진행 중이라 할 수 있겠다. 아마도 카카오3.0은 김범수 의장이 제시한 카카오 '시즌2'의 시작과 맞물려 있는 것 같다. 이제 조금 구체적으로 카카오의 비즈니스 현황을 살펴보자. 카카오는 새로운 소통 방식을 선도하는 커뮤니케이션 플랫폼, 다양한 콘텐츠를 만날 수 있는 콘텐츠 플랫폼, 소셜 기반 게임 플랫폼, 생활 속 연결의 가치를 실현하는 라이프 플랫폼, 원하는 정보를 가장 쉽게 만날 수 있는 검색 플랫폼 등 다양한 영역의 서비스를 제공한다.

최근 4년간의 연도별 부문별 매출은 이렇다. 2017년부터 2020년까지 4년간 플랫폼 부문은 연평균 38%, 콘텐츠 부문은 연평균 21%의 매출액 성장률을 기록했고, 매출 총액으로는 4년간 연평균 28%의 높은 성장을 이어왔다. 플랫폼 부문과 콘텐츠 부문 그리고 핵심 비즈니스(톡비즈, 게임 등)와 전략 비즈니스(신사업, IP 비즈니스 등)가 균형 있게 자리 잡고 있다. 그래서 카카오의 존재 이유가 실적으로 검증되고 있다는 평가를 받고 있다. 2020년 기준 매출액은 4조 1,567억 원이며, 영업이익은 4,559억 원을 기록했다. 이후 실적도 계속 증가하고 있다.

카카오 '시즌2'의 개막

카카오는 지난 10년간의 '시즌1'에 이어 앞으로의 10년 '시즌2'에 돌입했다. 그동안의 발전과정을 3단계로 구분하면, 모바일 메신저인 카카오톡을 중심으로 발전해온 카카오1.0, 카카오톡 자체의 기능 발전과 새로운 모바일 서비스 및 카카오톡 기반의 비즈니스(톡비즈)의 확장, 그리고 M&A의 진행 등으로 O2O 서비스 플랫폼을 구축한 카카오2.0, 그리고 카카오 AI 생태계로 발전해 나가는 카카오3.0이 있다. 이제 지금까지의 성과와 성공 요인, 내수기업이란 꼬리표를 떼고 대신 대기업 집단이란 꼬리표를 달, 카카오의 존재 이유를 실현해줄 요인을 살펴보고자 한다.

먼저 현재까지의 카카오의 실적과 성과를 달성하게 해준 주요 요인으로 CEO의 리더십, 조직문화, 비즈니스 모델 그리고 고객경험 등 네 가지를 들 수 있다.

김범수 의장을 설명해주는 표현에는, 흙수저 출신 한국 최고 부자(〈블룸버그〉 억만장자지수 국내 1위), 화를 잘 내지 않고 친화력이 뛰어나며 대범하고 격식을 차리지 않는 소탈한 성격, 사장님이나 회장님이란 호칭 대신 브라이언이란 영어 호칭을 사용하며 친근한 분위기 형성, 자발적 기부 운동인 더기빙플레지 참여, 통 큰 결단과 냉혹한 승부사 기질의 과감한 리더십 등이 있다. 이런 김범수 의장의 리더십이 오늘의 카카오를 만들어 낸 원동력이라는 점에 모두가 동의할 것이다.

승부사 기질이 강한, 자유로운 브라이언인 김범수 의장은 카카오톡 10주년 기념 영상을 통해 "내가 태어나기 전보다 더 나은 세상을 만들고 떠나는 것"이 카톡 프로필이라고 직원들에게 공개하면서, "사람이 일하는 게 아니고, 시스템이 일하는 게 아니고, 문화가 일한다는 말을 믿는다"라고 말했다. 이런 수평적이고 자기주도적인 기업문화가 바로 카카오 성장의 두 번째 주요 요인이다. 임직원들은 영어 이름을 사용하고, 복장도 자유롭고, 구성원들은 서로 크루Crew라고 부른다. 이 크루는 그야말로 한 배를 탄 선원이자 공동운명체라는 점에서 함께 가치를 창출하고 공유하는, 카카오 성장의 핵심 요인이자 가장 강한 경쟁 무기다. CEO의 신뢰와 격의 없는 수평적 커뮤니케이션에 의한 충돌, 그리고 크루의 헌신으로 이어지는 공감 사슬이 제대로 작동하고 있다.

기존에 없던 기업을 만들고, 오늘보다 더 나은 내일을 이룩하기 위해서 불편하고 복잡한 일을 말끔하게 해결해주는 비즈니스를 창출해내고, 이어서 수익 창출까지 끌어낸 것은 어쩌면 카카오 문화가 일한 결과라 하겠다. 플랫폼은 공급자와 수요자가 만나 상호작용하는 장(場)이라고 정의된다. 일종의 시장이다. 플랫폼 기업은 이러한 상호작용이 일어나는 장을 운영하는 운영자다. 카카오는 연결을 넘어 의미 있는 관계의 구축을 존재 이유로 삼고 있다. 그리고 이를 달성해 나가는 과정과 노력이 '새롭고 선하며 더 나은' 비즈니스 모델로 구현되고 있다.

또 다른 카카오 성공의 주요 요인으로는 고객경험이 있다. 오늘을 변화시키는 카카오의 기술, 더 나은 세상을 만드는 서비스는 고객 없이 존재할 수 없다. 고객의 변화와 니즈를 파악해 대응하고, 문제 해결 방안을 강구해 제시하는 노력에 전제되어야 하는 요인이 바로 고객경험이다. 고객들이 카카오를 사용하면서 어떻게 느끼고 반응하는가를 파악하는 것은 매우 중요한 일이다. 모든 세대를 통틀어 카카오톡이 압도적인 메신저 앱으로 자리 잡고 있지만, 카카오에 대한 반응이 MZ세대에서는 다소 다르게 나오고 있음에 주목하는 이유이기도 하다.

아울러, 새로운 전략적 변곡점에 직면한 카카오는 올해 9월 "카카오와 모든 계열사는 지난 10년간 추구해왔던 성장 방식을 버릴 시점입니다"라고 선언했다. 이는 카카오가 상생과 사회적 책임 중심의 성장전략으로 구조를 개편해 나간다는 방향 전환을 의미하며, 또 다른 질적 변화를 추구하는 '시즌2'의 진행을 예고하는 것이다. 이러한 과정에서 골목상권 침해 논란이 있는 사업들은 철수하고, 자율적으로 운영되던 계열사의 컨트롤타워를 마련하며, 사회적 의미가 있는 비즈니스를 추구하고, 글로벌 플랫폼을 선점해 글로벌 공동체를 구축한다는 구체적인 어젠다가 세팅되고 있다. 그 근간에는 이해관계자의 가치 창출이라는 ESG경영의 핵심 내용이 자리 잡고 있다. 카카오 ESG보고서에 언급된 카카오스러움으로 존재 이유를 밝혀가는 카카오의 새로운 방향 모색이 기대된다.

카카오가 새롭게 도전하는 사항은 크게 2가지다. 하나는 대기업 집단이란 꼬리표를 달게 된 만큼 상생을 추진하고, 생활밀착형 골목상권 보호와 공익·글로벌 파트너로서의 이름표를 다는 것이다. 또 다른 하나는 내수기업이란 꼬리표를 떼는 일이다. 이는 인공지능과 블록체인 기술, 그리고 일본에서 성공적으로 자리 잡은 픽코마와 같은 콘텐츠로 글로벌 기업으로 도약하는 것이다.

대한민국에서 스마트폰 앱으로 가장 인기 있는 카카오톡, 국민의 99%가 사용하고 있는 국민 앱 카카오톡으로 '시즌1'은 성장의 실마리를 풀어왔다. 이어서 카카오는 김범수 의장이 정의한 대로 '시즌2'에 돌입했다. 이는 카카오가 전략적 변곡점에 다시 선 것인데, "사회를 지속해 변화시킬 수 있는 가장 효율적인 조직은 기업"이라는 김범수 의장의 말과 같이, 카카오가 자신의 존재 이유를 입증하고 실행하며, 카카오스러움을 다는 대신 대기업 같음을 떼며, 내수기업을 넘어 글로벌 빅테크로 계속 발전해 나가길 기대한다.

'문자 해'를 '카톡 해'로 바꾼 카카오가 또 무엇을 어떻게 변화시킬 것인지 궁금하다.

쿠팡

혁신적인 배송 인프라와 프로세스 개척으로 물류 패러다임을 바꾸다

새로운 이커머스 물류 서비스
패러다임 구축

쿠팡의 김범석 의장은 '고객을 와우하게Wow the Customer' 하는 지상 최고의 고객경험 제공이 회사의 목표라고 강조한다. 다양한 상품 선택권과 저렴한 가격 그리고 놀라운 서비스까지, 아마존이 강조하는 SPCSelection, Price, Convenience를 다 이루는 것이 쿠팡의 전략적 방향이다. 그 과정에서 쿠팡은 단순히 기업 성장뿐만 아니라 상생을 기반으로 한 사회적 가치 창출을 위해 꾸준히 노력하고 있으며, 고객·직원·판매자의 동반성장Improving the Lives of Customers, Employees, and Merchants이 그 목표다. 강한승 대표이사는 인터뷰에서 쿠팡의 비전인 '쿠팡 없이 어떻게 살았을까'는, 외형적 성장의 의미보다 혁신을 통해 트레이드오프trade-off를 깨면서 고객, 직원, 소상공인들에게 더 나은 삶을 제공하겠다는 의지라고 말했다. 과거 유통시장에서는 볼 수 없었던 빠르고 편리한 배송, 낮은 가격, 다양한 상품선택권이라는 양립 불가능한 상충관계의 트레이드오프를 깨고 사회적 가치와 양립해 나가야 한다고 강조했다.

쿠팡은 2014년 로켓배송을 시작으로 2019년 새벽배송, 당일배송까지 혁신적인 배송 인프라와 프로세스를 개척했다. 국내의 수많은 이커머스 기업들이 쿠팡의 이 배송시스템을 벤치마킹하고 있다. 이는 쿠팡이 단순한 택배가 아닌, 라스트마일 서비스를 구축해 물류센터부터 배송, 반품까지 망라하는 새로운 이커머스 물류 서비스 패러다임을 구축했다는 데 커다란 의미를 부여하고 있다.

쿠팡의 ESG 경영철학은 다음과 같다. 첫째, 환경(E)문제 해결을 위해 폐기물 등 포장재 관리, 기후변화 대응, 친환경 제품 및 서비스 제공, 친환경 문화를 확산하려고 노력한다. 둘째, 사회(S)문제에 책임의식을 갖고 지역사회와 사회에의 공헌, 공급망 관리를 통한 상생 협력, 고용 및 근로조건 개선, 그리고 고객만족 및 정보보안을 이루려 노력한다. 셋째, 지배구조(G) 개선을 위해서 이사회 구성 및 그 역할과 운영, 의사결정 투명화를 위한 위원회 구성, 윤리경영을 위한 다양한 정책 수립에 앞장서고 있다. 이에 따라 쿠팡은 ESG 위원회조직을 신설하고 정기적인 ESG보고서 발간을 계획하고 있으며, 동시에 쿠팡 뉴스룸이나 공식 유튜브 등의 다양한 채널을 통해 ESG 경영활동을 투명하게 객관적으로 홍보하고 있다.

 로켓배송과 환경 :
배송동선 최적화와 포장재 절감

　　코로나19의 장기화로 이커머스와 비대면 유통·물류 시장이 빠르게 성장하면서 택배 물량 역시 증가했다. 국가물류통합정보센터의 한국통합물류협회 자료에 따르면, 2020년 국내 총 택배 물량은 33억 7,000만 개로 2018년의 9.6%, 2019년의 9.7%에 비해 2020년은 20.9%로 크게 증가한 수치(2019년 27억 9,000만 개: 국가물류통합정보센터, 2020)를 보이고 있다. 또한, 환경부 자료에 따르면, 2020년 배출된 종이 폐기물 역시 2019년 747톤에서 932톤으로 24.8%가 늘었고, 플라스틱 역시 2019년 776통에서 2020년 923통으로 18.9%가 증가했다. 그뿐만 아니라, 택배 물품의 다양화로 인해 포장재나 완충재, 냉매제 등의 사용 또한 증가해 쓰레기양이 폭증했다. 배송 증가로 인한 평균 배송 거리 증가로 차량 탄소배출량 역시 늘어나고 있다. 지속가능경영의 핵심인 기후변화 대응과 2050 탄소중립을 향해 우리나라 역시「탄소중립기본법」을 제정해 놓고 있는 지금, 무엇보다도 친환경에 대한 관심과 노력이 필요한 시점이다.

쿠팡은 차량, 포장재, 배송방식 등 다양한 방식으로 친환경 사업을 지속해 추진 중이다. 그리고 그 중심에는 항상 로켓배송이 있다. 쿠팡은 전국에 분포한 쿠팡의 물류창고와 판매검색시스템 그리고 머신러닝을 이용한 AI 기술을 통해 물건 입고에서부터 분류, 탑재까지 최적의 동선을 찾아주는 IT 인프라를 구축해, 보다 효율적으로 관리시스템을 유지하고 있다.

그뿐만 아니라, 기후변화에 대응하기 위해 차량 배송동선 최적화로 연료 절감 및 탄소 발생량을 감축함으로써 친환경 효과를 극대화하고 있다. 특히 배송 데이터에 기반한 배송량 평균치 조정과 미니캠프, 피딩 에어리어Feeding Area 등 배송지 주변 주유소와 아파트 주차장 등에 소형 지역배송거점을 확보하고 있다. 여기에 주문받은 택배를 시간에 따라 나눠 배송하는(오후 6시, 자정, 오전 3시) 트루던True-Dawn 시스템을 적용해 시너지를 발휘함으로써 로켓배송의 효율성을 높이고 있다. 또한, 2019년 1톤짜리 친환경 전기 화물차 11대와 2021년 전기이륜차(이츠친구) 20대를 업계 처음으로 구입해 운행하고 있다. 수소화물차 역시 환경부와 MOU를 맺고 시범운영 중이다.

로켓배송에서 무엇보다도 세계적으로 인정받고 있는 것은 풀필먼트Fulfillment 프로세스인 '엔드 투 엔드end-to-end' 방식이다. 쿠팡은 전국 158만 3,471m² 규모의 풀필먼트 센터 12개를 운영하고 있다.

대한민국을 선진국으로 이끈 K-경영

풀필먼트 서비스의 등장은 전 세계 물류 패러다임을 바꾸고 있으며, 고객의 주문부터 제품 관리, 포장, 최종 배송까지 물류의 처음부터 끝을 담당하며 제조와 유통, 물류가 하나 되는 새로운 세상을 열었다. 로켓배송은 제품 대부분을 직접 매입해 관리·운영하는, 차별화된 엔드 투 엔드 물류 네트워크 구축으로 기존 물류 단계를 혁신적으로 단축했다. 이는 시간과 비용의 절감뿐만 아니라, 탄소배출 저감으로 친환경 풀필먼트와 효율적인 SCMSupply Chain Management의 구축을 가능케 했다.

한편, 쿠팡은 포장재 절감을 위해 배송품을 박스 합포장하는 대신 단수 포장해 개별 출고하는 싱귤레이션Singulation 방식을 도입했다. 그럼으로써 완충재 사용과 적재부피를 줄임과 동시에 차량당 적재량을 늘려 배송 효율까지 높이고 있다. 쿠팡은 제로 패키징Zero Packaging을 위해 인공지능 빅데이터로 최적의 패키징이 가능하도록 배송 물품의 사이즈, 무게, 포장 및 분리 배송 여부, 파손 주의 등 제품의 특성을 고려한 최적의 포장재를 제시하고 과포장을 방지하고 있다. 그 결과 2020년 기준, 종이박스 중량이 12% 감소해 연간 1,553톤의 종이 사용량을 줄였다. PB 포장 중량 역시 10% 감소해 연간 669톤의 플라스틱 사용량을 줄였다.

또한, 냉매제와 스티로폼 포장재 소비 절감을 위해 재사용 아이스팩과 다회용 수송 포장 보냉백인 로켓 프레시백fresh bag을 도입했다. 프레시백 처리 시에도 폐기가 아닌, 친환경 고체 연료화 소각을 통해 재활용하는 방안을 추진한 결과, 연간 144톤의 플라스틱 절감 효과가 있다는 것이 입증되었다. 로켓 프레시백은 하루 평균약 30만 개의 스티로폼 상자를 대체하고 있으며, 이는 연간 900만 그루의 나무를 심는 효과[1]를 일으킨다. 이는 여의도 면적의 6.5배 수준[2]이다. 고객의 반응도 좋아 로켓프레시 10개 중 7개가 프레시백으로 배송되고 있는 실정이다. 더 나아가 LG화학과 플라스틱 재활용 및 자원 선순환 생태계 구축을 위한 업무협약을 체결했다. 이는 쿠팡 물류센터에서 버려지는 플라스틱 폐기물을 회수해 LG화학의 PCR Post-Consumer Recycle 기술을 통해 재생원료로 재생산하는 것이다. 이로써 연간 80%의 PB백 사용 절감을 끌어내[3] 자원순환 생태계 및 순환경제를 구축하는 데 이바지하고 있다. 이렇게 폐기물 증가와 배송 차량 탄소배출이란 환경문제를 해결하는 동시에 재생에너지 개발에도 앞장서면서 고객만족도까지 높이는 친환경 이커머스 문화를 확산시키고 있다.

---

1) '30년산 소나무 1그루 연간 CO2 흡수량(국립산림과학원 기준), 한국환경산업기술원 '환경성적표지 탄소배출계수'와 국립산림과학원 소나무 CO2 흡수량으로 계산, carbon reduction figures, Carbon emission factor(keiti)
2) 산림청 자료 참고(1ha당 장기수식재량으로 계산)
https://www.forest.go.kr/kfsweb/kfi/kfs/cms/cmsView.do?mn=NKFS_02_01_02_02&cmsl d=FC_000998
3) 폐기물을 100% 재활용해 PB 2호로 전환 시 2020년 연간 사용량 기준

대한민국을 선진국으로 이끈 K-경영

로켓배송과 사회적 책임:
직매입 방식을 통해 중소상공인에게 공헌

로켓배송은 미리 상품을 직매입해 재고를 물류센터에 보관해둠으로써 익일배송을 가능하게 하는 배송방식이다. 일반적으로 이커머스 업체들이 택배업체를 이용하면, 화주사 물류센터 픽업 및 허브 터미널까지의 간선 물류 이동과정이 발생하게 된다. 로켓배송은 이 중간과정이 생략된 것이다. 로켓배송 시스템은 물류센터설립, 상품확보, 재고물품관리와 반품서비스까지 포함하고 있어 쿠팡에는 큰 부담이 아닐 수 없다. 그럼에도 불구하고 쿠팡이 로켓배송을 고집하는 이유는 바로 경제발전 기여라는 사회적 가치를 추구함으로써 사회적 책임을 다하려는 목표 때문이다.

특히 쿠팡의 로켓배송의 사회적 역할로서 눈에 띄는 것은 쿠팡의 소상공인 지원 프로그램이다. 이는 로켓배송을 통해 소상공인들에게 새로운 사업기회를 주려는 것이다. 로켓배송 상품은 쿠팡의 매입, 배송, 주문, 재고, 반품, 고객관리까지 원스톱으로 이루어진다. 그렇게 시장 진입으로 인한 소상공인들의 부담을 줄일 수 있었고, 경영관리가 서툰 소상공인에게도 대형업체와 대등하게 상품력으로 경쟁하는 기회를 제공하게 되었다. 또한, 입점이 쉽고 입점 후에는 다양한 셀러지원 프로그램을 통해 온라인 강좌나 로켓제휴

서비스들을 무료로 지원받을 수 있다. 쿠팡은 4,000억 원에 달하는 지원금을 조성해 영세소상공인을 지원하고 있을뿐더러, 정부, 지자체와의 협업을 통해 소상공인과 농·수·축산인들의 디지털 판로 개척에 힘을 보태고 있다.

그 결과 쿠팡의 마켓플레이스에 입점한 소상공인들의 2021년 2분기 판매는 전년 대비 87% 성장했고, 쿠팡과 함께 판매하는 소상공인 수는 154%, 상품 수는 810% 증가했다. 그중 소상공인 판매의 70% 정도가 서울 외 지역에서 발생했고, 서울 소재 중소상공인의 판매는 129.6% 증가했으며, 서울 경기 지역 외의 일부 도시들 소상공인들의 판매도 매우 큰 폭으로 증가하는 추세다. 이러한 지표는 쿠팡이 단순히 소상공인들을 지원하는 것을 넘어 수도권 집중화에 따른 지역 격차 문제를 해소하며, 지역사회와 사회의 공헌에 앞장서고 있는 것으로 해석할 수 있다. 결국, 쿠팡의 로켓배송은 단순히 기업의 성장만이 아니라, 비수도권 지역 소재의 중소생산자와 소비자의 성장과 분배를 통해 지역 균형발전의 인프라를 제공하고 있는 셈이다.

**로켓배송의
효과**

　로켓배송을 통한 쿠팡의 ESG경영은 브랜드 가치를 제고시켜서 고객충성도와 고용매력도를 높이는 외부효과를 가져오고, 동시에 생산성을 향상하고 종업원 몰입도를 높이는 내부효과 또한 발휘하고 있다고 분석할 수 있다.

외부효과: 고객충성도와 종업원 매력도 상승

코로나19로 인해 이커머스를 뛰어넘는 뉴커머스New Commerce 시대가 열렸다. 이커머스는 퀵커머스Quick Commerce로 진화하고 있다. 이처럼 새로운 미래형 소비문화와 비대면 쇼핑은 코로나 팬데믹이 끝나더라도 변함없을 것 같다.

　쿠팡은 AI 상품 검색 기술과 커스터마이징Customizing 쇼핑시스템으로 만족도를 높이는 개인화 서비스를 제공함과 동시에 고객의 폭넓은 선택권을 보장해주고 있다. 또한, 국내 최초로 터치 한 번으로 결제가 이루어지는 서비스 '로켓페이'를 자체 개발했고, 전국망 쇼핑 인프라 '쿠세권'[4]을 제공했다. 전 국민의 70% 이상이 로켓배

---

4) 쿠팡 로켓배송이 가능한 지역을 일컬으며, 쿠팡+역세권을 줄인 말

송센터에서 10분 거리 내로 들어올 수 있도록 확장한 쿠팡의 배송 시스템은 쇼핑 인프라가 부족한 신도시나 바쁜 현대인들의 부족한 쇼핑시간을 대체해주는 솔루션 역할을 하고 있다.

쿠팡은 빠른 배송뿐만 아니라 쉬운 반품effortless returns 서비스에도 힘쓰고 있다. 반품이 쉽고 빠르게 진행될 수 있는 것은 쿠팡이 배송 기사를 직접 고용했기 때문이다. 배송기사를 외주화한 다른 국내 택배업체와는 다르게 쿠팡은 배송기사를 직접 고용하고 있다. 택배기사 측에서 보면, 수수료가 상대적으로 적은 반품 물품에 대한 거부감을 없애주는 것으로 반품서비스 타임라인을 통제하고 있다. 위에서 말한 프레시백의 수거 역시 택배기사 직고용을 통한 물류 네트워크가 있었기에 가능한 일이다.

또한, 택배 오배송을 잡아내는 주소정정 전문가가 쿠친이 찍어 전송하는 배송완료 사진만으로 오배송 관리시스템을 실시간 모니 터링한다. 지도만으로는 정확한 위치를 파악하기 어려운, 까다로 운 지역 같은 경우는 베테랑 쿠팡 전문가들이 따로 지도를 수기 작 성해 다른 쿠친과 공유케 하는 등 정확하고 빠른 배송을 위해 힘쓰 고 있다.

더 나아가 쿠팡은 고객이 물건을 직접 확인하고 구매할 수 없 는 온라인 쇼핑의 단점을 보완하기 위해 국가기술표준원의 '위해 (危害)상품 판매차단 시스템'을 도입하고 있다. 이로써 고객의 안전과 안심을 도모하는 온라인 쇼핑을 위해 노력하고 있다. 글로벌 수준의 정보보안 체계와 개인 정보 보호를 위해 정보보호관리체계 ISO[5] 27001인증을 통한 고객 만족 및 정보보안 시스템을 구축해 고객정보 보호에도 힘쓰고 있다. 그 밖에도 2016년 신뢰관리센터를 설치해 상품 검수 가이드, 허위과장 광고 등의 판매자 가이드, 지식재산권 보호 정책 및 침해 신고센터, 상품 카테고리별 위해상품정보 등 쿠팡 내에서 거래되는 모든 상품 정보제공 및 모니터링을 시행하고 있다. 이로써 정보보호에 대한 소비자의 신뢰를 쌓아가고 있다.

이러한 노력의 결과 쿠팡의 고객충성도가 강화되고, 구매 이력이 있는 활성고객 수와 활성고객의 1인당 순 매출(객단가)이 꾸준히 증가하고 있다. 2021년 3분기에 한 번이라도 쿠팡에서 물건을 구매한 활성고객은 1,682만 3,000여 명으로 지난해 같은 기간보다 20% 늘었으며, 활성고객 1인당 매출액은 276달러(약 32만 5,000원)로 지난해 같은 분기보다 23% 증가했다. 쿠팡은 그와 동시에 소비 패턴의 변화에 맞춘 개인화 추천 및 맞춤형 혜택을 시행하고 있다. 최근에는 쿠팡정기배송 서비스를 시작해 구매지속성과 충성도를 함께 높이고 있기도 하다. 재구매율 역시 국내 시장점유율 1위인

---

5) International Organization for Standardization

네이버보다 앞서고 있다.

쿠팡의 이러한 고객관리시스템은 고객 이탈 방지와 시장점유율 확보로 이어지게 되어 매출과 기업 성장에 도움이 되고 있다. 쿠팡은 2019년 처음으로 글로벌 유통업 Top250에 진입해 가장 빠르게 성장한 기업 1위에 이름을 올렸다. 쿠팡은 2021년 뉴욕증권거래소 NYSE 상장 이후 기업 가치 55조 원을 달성해 한국 역사상 최고의 유니콘 기업으로 인정받고 있다. 이는 한국에서 상장했더라면 절대 평가받을 수 없는 금액이다. 한국의 상장 조건은 매우 까다로울 뿐 아니라, 한국인들은 매출이 높더라도 적자를 내는 기업에 높은 가치를 부여하지 않기 때문이다. 상장 시점 기업 가치 55조 원은 국내에서 쿠팡과 경쟁하는 유통·물류 기업인 이마트(5조 2,000억 원), 롯데쇼핑(3조 3,200억 원), CJ대한통운(3조 9,800억 원)의 시가총액을 모두 합한 금액의 4.4배에 달하는 규모다.

파이프라인 경제에서 플랫폼 경제로의 전환이 가속화되면서 플랫폼 기업들의 미래 가치가 더욱 커지고 있는 시점에, 쿠팡이 한국에서 만든 비즈니스 모델과 경영성과로 55조 원의 평가를 받은 것은 하나의 사건이라 하겠다. 그리고 이는 한국 기업에 대한 세계의 인식을 바꾸는 중요한 계기가 될 것이다.

내부효과: 생산성 증가와 종업원 몰입도 상승

쿠팡의 매출을 살펴보면, 2018년 이후 급속도로 성장하고 있음을 알 수 있다. 물론 매출 대비 영업이익은 여전히 마이너스 추세지만, 단순히 영업이익이 마이너스라고 해서 적자기업이라고 평가할 수는 없다. 쿠팡은 창립 이래로 영업이익이 발생한 적이 없다. 그러나 쿠팡의 공격적 투자방식에 따라 수익 대부분을 재투자하거나 기업 운영에 들이고 있는 만큼, 계획된 적자로 볼 수 있다. 단기투자보다는 장기투자주의long-termism로 성장지향적 경영을 통해 인프라를 확장하는 데 주력하고 있다.

쿠팡은 특히 로켓배송 이후 생산성 증가로 매출액 대비 손실은 감소추세다. 쿠팡이 제출한 상장신고서에 따르면 쿠팡의 영업손실은 실제로 점차 줄어들기 시작했다. 2018년 1조 970억 원에 달하는 역대 최대치의 영업손실을 기록했지만, 2019년부터 7,205억 원 규모로 반등했다. 또한, 2020년 쿠팡의 영업손실은 약 5,800억 원으로 다시 한번 줄어들었다. 같은 기간 쿠팡의 순매출액Net Sales은 약 13조 1,500억 원을 기록했다. 매출 성장과 생산성 증가를 동시에 달성하고 있는 셈이다. 결론적으로 향후 성장 잠재력이 충분함을 보여주는 대목이라 하겠다. 이는 충성고객 기반의 압도적인 매출성장률로 수익성 개선 가능성이 크고, 밸류에이션valuation이 상승할 것이란 기대를 주고 있다.

〈블룸버그〉와 삼성증권의 쿠팡에 대한 기업평가 자료에 따르면, 쿠팡의 2021년 3분기 매출은 46억 달러로 전년 동기 대비 48% 신장하며 한화 5조 2,000억 원이 넘는 역대 최대 매출을 기록했다. 3분기 영업손실은 3월 3억 1,511만 달러(약 3,560억 원)인데, 이는 전년 동기 대비 45.7% 늘어난 수치로, 코로나19에 대응하기 위한 규제 강화와 늘어나는 택배 물품 관리에 든 인건비 및 운영비에 9,500만 달러(약 1,129억 원)를 지출했기 때문으로 보인다. 쿠팡의 전년 대비 거래액 성장률은 1Q21+47% → 2Q21+68% → 3Q21+57%로, 부담스러운 기저효과에도 매우 높은 성장세를 지속하고 있다. 한국의 온라인 쇼핑시장 성장률이 1Q21+22% → 2Q21+25% → 3Q21+20%였던 것을 감안하면, 쿠팡이 얼마나 빠르게 소매시장 내 점유율을 확대해 가고 있는지 확인할 수 있다.

이러한 쿠팡의 생산성 향상은 근로자의 작업 몰입도가 높아졌기 때문에 가능하다고 본다. 쿠팡의 근로자 대부분은 택배 관련 업무 종사자로 쿠팡 기업의 성장에 중요한 역할을 담당하고 있다. 쿠팡의 핵심인 로켓배송을 이끄는 택배기사들은 단순히 물건을 배달해주는 사람이 아닌, 쿠팡 성장의 원동력이다. 쿠팡은 '택배 맨'이라는 호칭에서 '쿠팡 친구(쿠친)'라고 명칭을 바꿔 고객들에게 더욱 친근하게 다가가고 있다. 또한, 택배 물품을 '기프트$_{Gift}$'라고 부르며 고객들에게 단순한 택배물이 아닌, 선물을 배달한다는 생각과 소속감을 기사들에게 심어주고 있다. 쿠팡은 배송만 빠른 것이 아니라, 배송업무를 담당하는 직원들의 근무환경 혁신 또한 빠른 기업이다. 기본급여뿐만 아니라 성과에 따라 인센티브를 제공하고 있으며, 차별 없는 고용과 근로환경 개선, 복지 향상으로 일하기 좋은 직장을 만들기 위해 다양한 지원제도를 마련하고 있다. 특히 물류·유통업계 최초로 도입된 '쿠팡 케어'는 직원들의 만족도를 더욱 높이고 있다,

쿠팡은 '쿠팡 친구'는 물론 그 가족까지도 케어해야 한다는 철학으로 자녀 학자금, 보육비, 전세 대출 이자 지원프로그램, 가족건강검진 등의 다양한 지원제도를 마련하고 있으며, 배송 차량의 유류비, 통신비 같은 부대비용도 전액 지원한다. 여성 쿠친의 경우에는 태아검진제도, 육아휴직, 근로시간 단축, 직무전환, 사내 어린이집 지원 등 다양한 제도를 이용할 수 있다. 이를 통해 업무집중 및 자발적 업무수행을 위한 동기를 부여해 '종업원 몰입도'를 증가시키고 있다. 쿠팡의 생산성 향상 노력은 이뿐만이 아니다. 로켓배송 운영시스템에 대한 전반적인 지원업무를 담당하는 RNS Rocket Network Support 팀은 캠프 네트워크 확장, 캠프환경, 쿠팡 카 관리, 캠프 운영에 필요한 여러 시설과 물품을 지원하는 등 로켓배송의 업무 효율을 높이는 데 주어지는 모든 과제를 수행하고 있다. 특히 현재 전국에서 쿠팡 물류센터 직원 출퇴근용으로 매일 총 1,000대 이상의 버

스를 운영 중이며, 2021년 상반기 기준 셔틀버스를 운영하는 데 투입되는 비용만 한 달 평균 약 63억 원에 달한다. 연간 약 760억 원에 이르는 비용을 들여 직원들이 더욱 안전하게 직장을 오갈 수 있도록 지원하는 셈이다. 이는 출퇴근으로 인한 피로도를 줄여 업무능력과 업무집중 향상에 노력하고 있는 쿠팡의 또 다른 모습이기도 하다.

화제가 되었던 김범석 의장의 '창업자의 편지Founder's Letter'에서 그는 경쟁자들이 쫓아오기 어려운 한국 최고의 이커머스 업체라는 자부심을 직원들에게 심어주며, 100년 쿠팡을 이루는 데 함께할 것을 강조한다. 고객을 와우Wow 하게 만드는 것이 쿠팡의 미션이지만, 궁극적으로 건강한 쿠팡 구성원들이 고객을 와우하게 만들도록 직원들의 작업환경 개선과 복지에 힘써, 고용유지와 공동 목표 실현을 다짐하고 있다.

한국 이커머스 시장의
최종 승자가 되기 위한 과제

쿠팡의 대표 브랜드 '로켓배송'은 고객의 온라인 쇼핑 패턴을 바꾸고 물류 트렌드까지 변화시킨 혁신적인 서비스다.

하지만 이러한 로켓배송이 생활의 편의뿐만 아니라 ESG적인 측면에서도 성과를 내고 있다는 사실은 매우 유의미한 일이다. 이는 온라인 쇼핑과 유통산업의 ESG경영 모델 사례다.

그러나 쿠팡의 엄청난, 그리고 꾸준한 매출 증가에도 언제 적자에서 벗어날지 모르는 불확실성, 많은 국내 일자리(국내 상장사 중 3위)를 창출하고 있지만 산업재해가 많고, 노동환경이 좋지 않다는 비판이 끊임없이 제기되는 실정이다. 특히 이천과 덕평의 물류센터 화재사건과 물류센터 노동자 과로사, 택배기사 사망 등과 같은 중대 재해사건이 발생하면서 쿠팡은 그동안 많은 사회적 논란에 휩싸이곤 했다. 창고 화재 발생 이후 김범석 의장의 등기이사 사임 소식이 이어지면서 「중대재해처벌법」의 처벌을 피하고자 함이 아니냐는 비판 또한 이어졌다. 또한, 김범석 의장이 차등의결권을 갖기 위해 뉴욕 증시에 상장한 것이 아니냐는 여론과 함께, 지나친 경영권 보장으로 주주가치가 훼손되거나 도덕적 해이가 초래될 가능성도 배제하지 못하는 상황이다. 그뿐만 아니라, 납품업자에 대한 부당한 경영 간섭과 광고 요구 및 판촉비용 전가를 이유로 「공정거래법」 및 「대규모유통업법」 위반행위에 대해 공정거래위원회로부터 시정명령과 과징금을 부과받기도 했다. 이른바 쿠팡의 갑질 논란 역시 끊이지 않고 있는 형국이다.

물론 그만큼 쿠팡이 끼치는 영향력이 크기 때문에 논란의 중심에 서는 것일 수도 있다. 하지만 이러한 사회적 비난이 이어지는 상황은 결과적으로 쿠팡에 부정적 영향을 끼칠 것이다. 특히 ESG 평가의 평판 이슈 역할이 커짐에 따라, 사회적 논란의 중심에 서는 것은 굉장히 부담될 수밖에 없다. 쿠팡의 ESG경영에 있어 S경영에 대한 보안이 이루어지지 않는다면 결과적으로 좋은 평가를 받을 수 없을 것이다. 기업에 대한 평가는 외적인 수익성뿐만 아니라 내적인 인적자원 확보에도 영향을 끼친다. 요즘 구직자들은 단순히 연봉이나 복지를 보고 기업을 선택하는 것이 아니다. 대신 기업의 철학이나 경영 마인드가 본인의 가치관과 잘 맞는지도 고려해 기업에 지원하고 있다. 이러한 추세에 따라, 과거와 달리 HR이 단순히 인재영입을 의미한다기보다는, CEO와 경영인이 기업의 비전을 제시하고, 그것을 이루기 위해 협업하는 인재의 영입을 뜻하게 되었다. 기업의 선호도와 매력이 올라갈수록 기업 내부 직원의 기업에 대한 우호적 평가와 정체성 형성뿐만 아니라, 우수 인재 유인의 수단성 또한 증가하기 때문이다. 따라서 쿠팡 역시 고용주 브랜딩 Employer Branding에 집중해 기업 선호도와 매력도를 향상하기 위해 지속적인 기업 이미지 관리에 대한 노력이 좀 더 요구된다고 하겠다. 강한승 대표의 법적 리더십과 김범석 의장의 글로벌 비전을 통해 쿠팡이 논란이 되는 문제들을 극복하고 한국 이커머스 시장의 최종 승자가 될 수 있을지, 향후 쿠팡의 미래가 주목된다.

미래에셋

금융 신기록 제조기, 진격의 금융그룹

대한민국 금융산업의
대표주자

미래에셋은 자산운용, 증권, 벤처투자, 캐피털, 보험 등 비은행 금융산업 각 부문에서 전방위적 성장세를 보이며 발군의 역량을 과시하고 있다. 미래에셋은 차별화 전략과 스케일업, 글로벌시장 개척으로 한국 금융산업의 새 역사를 쓰고 있다. 미래에셋 금융그룹을 설립한 박현주 회장은 미래에셋을 한국 금융의 잠재력을 꽃피우는 선도기업으로 키워냈다. 그의 도전정신과 리더십은 불확실성 시대에 더욱 빛을 발하고 있다. 그는 아시아 톱 클래스 금융 비즈니스 모델을 실현하는 데 탁월한 수완을 발휘했다. 한국을 넘어 글로벌 금융투자그룹으로 부상한 미래에셋의 성공 스토리를 조명해본다.

한국 금융의 잠재력을 꽃피우는
선도기업

　　미래에셋 금융그룹의 2021년 상반기 자기자본은 17조 원에 육박했다. 미래에셋증권은 한국 증권업계 최초로 자기자본 10조 원을 돌파하면서, 아시아권에서 손꼽히는 자기자본 규모를 갖춘, 대형 투자은행IB으로 부상했다. 미래에셋그룹은 이와 같은 대규모 자기자본 확충을 통해 '규모의 경제'를 실현할 수 있게 되었다. 한국의 골드만삭스, 아시아를 호령하는 글로벌 IB로 도약하겠다는 박현주 미래에셋 금융그룹 회장의 목표가 실현되고 있는 셈이다.

　　"2020년까지 자기자본 10조 원, 세전 이익 1조 원, 자기자본이익률ROE 10%를 달성하겠다." 박현주 회장은 2015년 KDB대우증권 인수전에서 우선협상대상자로 선정되며, 이 같은 청사진을 밝혔다. 그리고 자신의 구상을 2021년 상반기에 모두 이루었다. 미래에셋증권은 2021년 상반기 자기자본이 10조 467억 원을 기록했다. 그리고 미래에셋캐피탈의 자기자본은 2조 3,480억 원, 미래에셋자산운용은 2조 1,135억 원, 미래에셋생명은 1조 9,140억 원, 미래에셋벤처투자는 2,166억 원으로 각각 집계되었다. 이로써 미래에셋 금융그룹의 자기자본은 16조 6,388억 원에 달하게 되었다. 박 회장은 〈매일경제〉와의 인터뷰에서 "앞으로 자기자본 30조 원을 돌파하는 시점이 더욱 빨라질 것이라고 내다보았다.

무엇보다 미래에셋증권이 자기자본 10조 원을 돌파한 것은 큰 의미가 있다. 지난 2016년 금융위원회는 초대형 IB 육성 방안을 발표하면서 자기자본 10조 원을 기준선으로 삼았다. 세계 금융시장의 굵직한 거래에 참여하려면 자기자본이 100억 달러는 되어야 한다는 것이다. 증권사는 자기자본 규모가 커야 다양한 업무를 취급하면서 글로벌 영업력을 강화하고 수익성을 높일 수 있다.

국내 증권사 중 미래에셋증권의 위상이 독보적인 가운데, 미래에셋증권은 해외투자 성과가 가시화하고 해외법인 실적이 호조를 보이는 데다, 발행어음업 인가에 힘입어 2021년 증권업계 최초로 순이익 1조 원을 무난히 달성했고, 2021년 9월 미래에셋증권은 자기자본이익률 11.6%를 기록했다.

그동안 미래에셋증권은 빠른 속도로 성장해왔다. 1999년 설립 당시 미래에셋증권 자본금은 500억 원에 불과했다. 하지만 후발 주자였던 미래에셋증권은 2015년 KDB대우증권을 합병하면서 대형 증권사로 도약했다. 2016년 미래에셋증권 자기자본은 6조 6,389억 원으로 단숨에 2배가량 늘었다. 동시에 취급하는 상품과 비즈니스 영역이 대폭 확대되었다. 미래에셋증권은 멀찌감치 앞서가던 일본 유수 증권사와 견줄 만한 규모로 성장했다는 평가를 받는다. 미래에셋증권은 설립 22년 만에 자기자본 10조 원 고지를 밟고 국내 1위를 넘어 아시아 '톱3' IB로 발돋움했다.

일본 1위 노무라증권의 자기자본은 2020년 말 기준 약 30조 원에 달하고, 2위 다이와증권은 14조 원에 이른다. 다이와증권은 1902년에 설립되었고 노무라증권은 1925년에 출범했다. 1999년 설립된 미래에셋증권이 100년 역사를 보유한 일본 증권사들과 어깨를 나란히 할 만큼 성장한 것만으로도 기적에 가까운 놀라운 성과가 아닐 수 없다. 미래에셋증권이 노무라증권·다이와증권과 경쟁할 수 있는, 아시아권의 손꼽히는 빅 IB 반열에 올랐다는 의미이기도 하다. 미래에셋은 두둑한 실탄을 바탕으로 글로벌 인수·합병 M&A 시장에서 아시아의 맹주로 부상할 가능성이 커졌다는 분석이 나온다.

박현주 리더십:
도전정신·기업가정신

'샐러리맨의 신화', '스타 주식 브로커', '한국 자본시장의 개척자', '최고의 금융 전략가'….

박현주 미래에셋그룹 회장 이름 앞에는 그동안 이처럼 수많은 수식어가 붙어왔다. 그는 한국 금융산업의 신기원을 연 주인공이다. 그는 '도전을 통한 성장'이라는 자신의 경영철학을 성취한 금융인이다. 그는 통찰력과 예측력이 강하고 야성적 투자 감각을 지녔다는 평을 듣는다. 그는 지구촌 세상의 흐름을 면밀하게 살피고 고민한다. 그럼으로써, 여러 현상 간 상호작용과 인과관계를 추론해낸다. 그는 미래의 세계를 관통하는 트렌드를 예측하는 탁월한 통찰력을 가지고 그룹 경영을 진두지휘한다.

　박 회장은 승부사적 기질을 갖추고 있다. 그는 날쌘 표범처럼 기회 포착 능력이 탁월하다. 전략적 의사결정을 내리기까지는 심사숙고한다. 또한, 거의 중독에 가깝게 운동에 매달리며 홀로 의사결정에 몰입한다. 선택과 집중은 의사결정의 요체다. 의사결정은 핵심을 키우고 곁가지를 잘라내는 일이다. 기업이 해야 할 비즈니스와 해서는 안 될 비즈니스를 가려내는 일이다. 그는 전략적 선택을 '강점이 있는 분야, 핵심역량에 주력해 최고로 포지셔닝하는 것'이라고 생각한다. 그는 그룹 중역 회의에서 핵심을 파악하기 위해 단도직입적인 질문을 잘 던진다고 한다.

　"그래서 본질이 뭐라고 생각하는가?"

그는 수많은 사업을 검토하는 과정에 제로베이스에서 전략을 짜는 경우가 많았다. 박 회장은 항상 중장기 미래를 내다보고 전략을 수립한다. 일단 마음을 굳히면 뒤도 돌아보지 않고 속전속결로 추진한다. 그리고 자신의 결정에 올인한다.

박현주 회장은 부모의 재산을 물려받은 금수저 출신이 아니다. 농부의 아들로 태어난 그는 맨손으로 기업을 일군 자수성가형 기업인이다. 박 회장은 책을 통해 세상을 알게 되었다고 한다. 그가 어린 시절 가장 많이 읽은 책은 위인전기였다. 성공한 사람들은 보통 사람들과 다른 삶을 산다는 점을 독서를 통해 인식했다. 장기적으로 한길을 걸어간 위인들이 많다는 것도 깨달았다. 그는 대학교 2학년 때부터 주식 투자를 시작했다. 큰돈은 아니었지만, 자신만의 판단을 바탕으로 한 투자였다. 그때 그는 투자의 매력을 체험하게 된다. 그리고 '자본시장의 발전 없이 자본주의는 발전할 수 없다'라는 확고한 신념을 가지게 된다.

대학 시절 박 회장에게 큰 영향을 미친 책은 미래학자 앨빈 토플러의 《제3의 물결》(1980년)이었다. 그는 이 책을 10회 이상 반복해 열독했다. 이 책을 읽으며 '미래'라는 말에 매료되었다. 이를 계기로 그는 미래의 트렌드에 대한 관심을 키우게 되었고, 이후 미래학 관련 서적을 탐독했다. 이는 박 회장이 대학 시절부터 키워온 미래에 대한 비전과 자산운용 비즈니스를 향한 꿈을 담아 설립한 회사

이름을 '미래에셋'으로 짓는 데 영향을 주었을 것이다. 박 회장이 미래를 향한 투자와 혁신으로 더 좋은 미래를 만들 수 있다는 신념을 미래에셋 브랜드에 담은 셈이다.

"바람이 불지 않을 때 바람개비를 돌리는 방법은 앞으로 달려 나가는 것이다."

그가 1990년대 동원증권(현 한국투자증권) 중앙지점장 재직시절 영업의 지침으로 삼은 지점훈이다. 역경에 굴하지 않는 방법은 미래를 향해 나아가는 것뿐이라는 의미다. 그는 어려움이 닥쳐도 특유의 상황판단력과 돌파력을 발휘해 위기를 극복하곤 했다. 당시 서울 명동은 한국 증권산업의 중심지였다. 서른두 살 때 증권사 최연소 지점장에 오른 그는, 패기만만한 25명의 직원들과 함께 전국 1,000여 개 증권사 지점 중에서 실적 1등을 달성했다.

박현주 회장은 중견 증권사 임원으로서 순탄한 앞날이 보장된 현실에 안주하지 않았다. 그는 서른아홉 살에 자신의 비즈니스 세계를 열어젖혔다. 1997년에 미래에셋캐피탈과 미래에셋투자자문을 출범시킨 것이다. 그는 당시의 심경을 "첫눈에 첫발을 내딛는 마음과 같았다"라고 밝히기도 했다. 박 회장은 아무도 가지 않은 길을 스스로 개척해야만 했다. 창업 당시 그는 '대출 중심의 한국 금융시장이 어떻게 하면 투자 중심의 금융시장으로 바꿀 수 있을까'를 고민했다고 한다. 또한, '투자 문화를 개선해 한국 자본주의와 증권시장을 한 단계 끌어 올리겠다'고 결심했다고 한다. 그런 그에게 아시아 외환위기 극복을 위한 자본시장 규제 완화와 증권투자신탁업법 시행은 큰 기회를 가져다주었다.

1998년 한국 최초의 회사형 증권투자펀드(뮤추얼펀드) 운용회사였던 미래에셋투자자문은 미래에셋자산운용으로 이름을 바꾸어 달았다. 박 회장은 그해 국내 최초의 뮤추얼펀드인 '미래에셋 박현주 1호'를 출시했다. 당시 그가 세운 원칙은 '팔리는 상품이 아니라, 고객에게 좋은 상품을 설계한다'라는 것이었다. 고객의 호응에 대성공을 거둔 뮤추얼펀드는 투자자가 주주가 되는 구조여서 다른 펀드보다 운용의 투명성을 높인 금융상품인 셈이었다.

박현주 회장은 1999년 미래에셋증권을 설립하고, 2005년 SK생명을 인수해 미래에셋생명을 출범시켰다. 퇴직연금시장 진출 교두보를 마련한 셈이었다. 2017년에는 PCA생명을 인수, 대형 생명보험회사로 키워냈다.

미래에셋은 저축에서 투자로, 직접투자에서 간접투자로, 상품 중심에서 글로벌 자산 배분으로 비즈니스 패러다임을 바꿔 왔다. 투자는 새로운 산업의 씨앗을 뿌리고 육성하는 일이다. 특히 미래에셋은 고령화 시대의 금융의 컨버전스를 연금투자로 보았다. 그는 근로자의 노후자산인 퇴직연금을 저수익 안전자산에 묶어두는 대신 고수익 투자자산에 편입하는 과감한 운영의 전환을 시도했다. 그리고 한국을 넘어 글로벌 금융시장에 자산을 배분하는 전략을 구사했다. 분산투자로 수익성과 안전성을 겸비한 미래에셋의 연금자산 규모는 20조 원을 넘었다. 박 회장의 미래에셋 성공 스토리는 2009년 하버드 비즈니스스쿨 MBA의 '국제 기업가정신' 강의 교재로 채택됐다.

당대 세계 최고 기업가와 초일류기업을 소개하는 케이스 스터디 교재에 박 회장이 주인공으로 선정된 것이다. 또한, 미래에셋 금융그룹의 파괴적 혁신 사례는 2017년 세계적 학술기관인 '더 케이스' 센터에 등재됐다.

차별화 전략,
선택과 집중 그리고 혁신

미래에셋은 지속 가능한 미래를 지향한다. 고객 우선 정신을 기반으로 새로운 상품, 새로운 시장, 새로운 사업 모델을 끊임없이 만들어 내고 있다. 그리고 그 도전을 성공시키기 위해 중단 없는 혁신을 추구하고 있다. 고령화 저성장 시대에 자본시장의

DNA를 바꿔 투자를 활성화하고 미래 산업을 육성화하는 도전정신을 실천하고 있는 셈이다. 미래에셋은 네 가지 투자원칙을 정해 실천하고 있다. 첫째, 경쟁력의 관점에서 투자 기업을 본다. 둘째, 장기적인 관점에서 투자한다. 셋째, 기대수익과 함께 위험을 고려한다. 마지막으로 운용을 담당하는 개인이 아니라 팀이 신중하게 의사결정을 한다.

미래에셋은 발상을 전환하는 혁신적인 사고로 통념에 도전해왔다. 기존의 관행을 되짚어보고, 거기에서 완전히 새로운 것을 만들어 내는 파괴적 혁신Disruptive Innovation을 성장의 원동력으로 삼아온 것이다.

1990년대 말, 창업 초기에 박 회장이 선택했던 최선의 전략은 기존 자산운용사(투자신탁회사)들과 차별화를 시도하는 것이었다. '성공하기 위해서는 남들이 보지 못하는 소수의 관점에서 사물을 바라볼 수 있어야 한다'라는 게 그의 지론이었다. 당시 한국, 대한, 국민 등 대형 투자신탁 3사의 주력상품은 채권형 상품이었다. 3대 투신사는 고금리 시기에 채권형 상품 판매로 '공룡화'되어 있었다. 외환위기를 겪던 시기에 주가지수가 급락한 경험을 가졌던 투자자들에게 주식형 상품은 기피 대상이었다. 주식형 펀드 비중이 크지 않았던 시절, 미래에셋은 주식 가격이 저평가되어 있다는 판단 아래 차별화된 전략에 힘을 모았다.

1999년 현대투자신탁에서 판매한 주식형 수익증권을 기점으로 '바이코리아' 열풍이 불었다. 당시 선보인 '미래에셋 박현주 1호'는 주식형으로 최대 1년 만기의 폐쇄형 펀드였다. 박현주의 명성에 기댄 투자자들의 참여로 500억 원 한도의 펀드가 출시 2시간 만에 완판되었다. 한국 주식의 디스카운트 현상은 투자 매력을 키우는 요인이 되었다. 기존의 대형 투신사들은 상황 변화에 제대로 대응하지 못하고 현상 유지에 급급했다. 외환위기를 겪으며 많은 대기업이 무너졌지만, 재무구조가 우량한 기업들은 살아남았다. 미래에셋은 저평가된 우량기업 주식에 집중해 투자했다. 그리고 1년 뒤 80%라는 높은 수익률로 투자자들의 믿음에 보답했다.

박 회장은 저축자산의 투자 자산화를 예견하고 개인투자자를 위한 간접주식투자상품 개발에 주력했다. 미래에셋은 예금상품이나 채권 이자에 만족하지 못하는 투자자들에게 높은 수익률을 안겨주겠다는 목표로 채권형 펀드가 아닌 주식투자펀드 개발에 올인했다. 성장성이 높은 상장기업 주식 중심으로 적극적인 운용에 나선 것이다. 금리가 하락하는 저금리 구조로 진입하리라는 중장기 예측 아래 개발한 주식형 펀드는 투자자들에게 높은 수익률을 가져다주었다. 종목 선정에도 업종 대표주를 중심으로 우수기업을 선정하는 전략적 투자 개념을 도입했다. 이는 간접금융 상품에서 직접금융 상품으로 금융중개 기능이 탈은행화disintermediation하는 추세와도 맞아떨어졌다.

　미래에셋의 차별화는 펀드 판매 채널의 혁신이다. 상품 판매 네트워크가 취약했던 미래에셋은 남다른 판매 채널 전략을 채택해 큰 성과를 냈다. 미래에셋과 관련이 없는 은행과 직접적인 경쟁상대가 아닌 증권사들을 펀드 판매 창구로 이용한 그의 역발상이 통했던 셈이다. 다른 금융회사의 견제를 받지 않고 고객을 확보하는 효과적인 전략을 구사한 셈이다. 은행 판매 채널은 미래에셋의 적립식 펀드 판매에서도 괄목할 만한 성과를 끌어냈다. 은행 적금처럼 고객이 매달 자동이체 방식으로 일정 금액을 불입하는 적립식 펀드는 중산층의 자산형성에 기여하는 상품이다. 적립식 펀드는 주식시장의 변동성 위험을 줄여주는 투자수단으로 평가된다. 이는 평균 주식매입 가격을 낮추는 효과를 낳는다. 미래에셋은 적립식 펀드에 흥미를 보이는 잠재고객을 은행 창구 판매를 통해 자연스럽게 확보했다. 아울러 미래에셋생명이 적립식 퇴직연금상품을 개발해 선도적으로 판매하는 계기도 마련했다.

　증권업계의 후발 주자인 미래에셋증권은 온라인 증권거래를 통한 대폭적 수수료 인하에 앞장섰다. 미래에셋은 모든 지점 객장에 주식시세 전광판을 설치하지 않았다. 그리고 기존 위탁매매 수수료 위주의 수익구조에서 벗어나 '종합자산관리' 서비스로 전환하는 승부수를 던졌다. 대부분의 증권사가 고객의 이익에 반하는 빈번한

매매를 유도함으로써 수수료 수입을 증대시키는 '푸시전략'을 펼치는 상황에서 미래에셋만의 차별화된 전략을 구사한 것이다.

아시아 정상 등극을 노리는 글로벌 전략

박현주 회장은 아시아 외환위기가 수습되자 세계로 눈을 돌렸다.

"글로벌시장에서 한국이 차지하는 비중은 얼마 되지 않는다, 해외로 시선을 돌려야 한다."

2001년 하버드 경영대학원 연수를 마친 박 회장은 글로벌시장 진출 전략을 수립하고 행동에 나섰다. 그는 해외 진출 시 해당 국가의 성장 지속성, 인프라 투자의 충분성, 천연자원 보유, 경제성장을 뒷받침하는 인구구조 등의 영업환경을 세밀히 검토했다. 현지 시장이 장기적 관점에서 안정적 경제 기반을 바탕으로 긍정적 흐름을 보이는지를 분석했다. 그는 글로벌시장 진출에 두려움을 갖지 않고 포기하는 일 없이 끊임없이 도전했다. 그리고 차별화된 비즈니스 모델을 현지에 적용할 수 있는지 세밀히 따져봤다.

미래에셋은 2003년 홍콩에 자산운용사를 설립, 금융 수출의 신호탄을 쏘아 올렸다. "갈증과 도전은 희망이 된다"라는 신념을 품은 박 회장은 칭기즈칸 전략을 앞세워 이머징 마켓을 집중적으로 공략했다. 미래에셋은 글로벌 투자 전략으로 투자영역과 자산규모를 확대했다. 해외 영업거점 확충과 철저한 현지화 전략을 통해 미래 수익원 확보와 투자위험 분산 관리를 실현함으로써 한국 금융의 새로운 비즈니스 영토를 개척했다. 2021년 미래에셋은 세계 15개 지역에서 34개의 현지 법인과 사무소를 통해 다양한 금융서비스를 제공하고 있다.

지역별로는 ▲미국과 영국, 캐나다, 호주 등 세계경제를 주도하는 영미권 ▲중국, 홍콩, 대만 등 중화권 ▲브라질, 인도, 베트남 등 이머징 국가에 진출해 글로벌 네트워크를 강화했다. 미래에셋 해외 법인은 증권 위탁매매, 기업금융IB, 프라임 브로커리지 서비스PBS 등의 현지 사업을 꾸려나가는 동시에, 해외 금융상품을 국내에 공급하는 역할을 담당한다. 미래에셋은 이머징 마켓 최고의 주식 투자 전문그룹으로서 한국 투자자들에게 특정 지역과 업종을 테마로 하는 펀드를 소개하기도 했다. 글로벌 금융지도를 더욱 넓고 촘촘하게 그려가고 있는 미래에셋은 전 세계 36개국에서 1,700개 이상의 상품을 판매 중이다. 해외 현지에 설정된 자산도 90조 원을 웃돈다. 미래에셋이 지역별 특화 전략을 통해 시장 변동성에 적극적 대응한 결과는 실적 개선으로 나타났다.

그동안 항상 빼어난 성공만 있었던 것은 아니다. 1997년 IMF 외환위기 직후 창업한 미래에셋은 2000년대 초 닷컴버블 붕괴, 2008년 글로벌 금융위기 등 세 차례에 걸친 위기를 겪었다. 주가 하락기엔 어떤 운용사도 탁월한 수익률을 내기 힘들다. 2008년 인사이트 펀드의 투자 실패는 미래에셋에 쓰라린 경험을 안겨주었다. '해외판 박현주 펀드'로 불리며 인기를 끌어모았던 인사이트 펀드는 중국의 거품경제 붕괴에 글로벌 금융위기가 겹치며 운용자산의 가치가 폭락했다. 이는 투자자들에게 손실을 입혔을뿐더러 '반토막 펀드'라는 오명을 뒤집어쓰기도 했다. 인사이트 펀드는 7년이란 인고의 시간을 보내고 플러스 수익률로 돌아섰다. "실패하더라도 모든 경험은 한국에 남는다"라는 신념을 실적으로 화답한 셈이다. 고통과 실패의 경험으로 쌓은 장기투자 노하우는 결국 미래에셋에 든든한 보약이 되었다. 2019년 3월 박 회장은 과거를 회상하며 미래에셋그룹 임직원에게 사내 편지를 띄웠다.

"위기는 미소 띤 얼굴로 찾아온다… 항상 뜨거운 가슴과 차가운 머리를 유지하고 글로벌 관점에서 현상을 바라보길 바란다."

미래에셋증권 홍콩법인은 미래에셋 금융그룹 해외법인의 사령탑 역할을 한다. 홍콩법인은 '원 아시아 에쿼티 세일즈' 조직을 통해 해외투자자 대상 브로커리지 서비스를 중국, 베트남, 인도네시아 등 각 지역으로 확대하는 역할을 맡고 있다. 그리고 홍콩법인은 해외 IB들과의 치열한 경쟁을 뚫고 유럽 최대 바이오업체인 바이오엔텍의 나스닥 상장, 아시아 최대 물류 플랫폼 기업인 ESR의 홍콩 상장 등 글로벌 IPO 주관업무를 성공적으로 수행해냈다. 미래에셋증권의 베트남법인도 2007년 베트남 최초의 외국계 종합증권사로 출범한 이래, 10년 만에 현지 최대 증권사로 도약했다. 미래에셋은 2018년 미국의 상장지수펀드ETF 전문 운용사인 '글로벌X'의 인수를 통해 글로벌 자산운용 역량 강화의 전기를 마련했다. 캐나다 호라이즌스 ETFs 등 해외 조직이 상장시킨 ETF는 2021년 9월 말 기준 368개에 달한다. 미래에셋의 글로벌 ETF 순 자산은 87조 5,000억 원으로 글로벌 10위권 운용 규모를 자랑한다. '아시아그레이트컨슈머'와 '아시아섹터리더' 펀드는 미국에서 설정된 아시아 펀드 가운데 3년간 수익률 최상위권을 유지했다.

해외사업은 미래에셋의 캐시카우로 자리 잡았다. 미국과 캐나다 시장에서 벌어들이는 타이거 ETF 수수료는 해외법인 실적의 절반

이상을 차지한다. 미래에셋그룹의 글로벌 네트워크와 투자 전문 인력을 바탕으로 새롭고 혁신적인 테마형 ETF를 꾸준히 공급한 것이 운용자산 증가, 실적 개선이라는 선순환 구조를 낳은 것이다. 국내 펀드 시장의 성장 둔화와 과열된 수수료 경쟁 속에서 돌파구를 폭이 넓고 깊이가 깊은 해외 시장의 역동성과 가능성에서 찾은 전략이 주효한 셈이다.

금융 수출의 선봉장, 미래에셋은 이제 국내보다 해외에서 돈을 더 많이 벌어들이는 회사가 되었다. 한국 금융을 세계에 수출하겠다는 박 회장의 집념이 활짝 꽃핀 것이다. 미래에셋그룹은 미래에셋증권은 물론 미래에셋자산운용, 미래에셋생명 등 모든 계열사가 해외 시장에서 각자도생한다는 목표로 전략을 펼친다. 박 회장은 해외경영에 관해 "이제 고속도로 톨게이트에 진입한 느낌이 든다. 톨게이트를 통과하면 속도는 한층 빨라질 것"이라며 자신감을 표명했다.

미래에셋은 국내 투자 중심이던 한국 금융권을 벗어나 글로벌 투자를 선도해왔다. 미래에셋은 2006년 중국 상하이 푸둥 대형빌딩(미래에셋상하이타워) 인수를 시작으로, 2011년 세계 최대의 골프용품 브랜드 타이틀리스트를 보유한 아큐시네트, 2013년 호주 포시즌스호텔과 커피빈 미국 본사, 2019년 프랑스 파리 '마중가타워' 등 해외기업과 부동산 투자에 나섰다. 미래에셋의 M&A는 지역과

산업영역을 가리지 않는다. 세계 각 지역의 시장 동향과 투자정보를 신속히 파악해 다양한 글로벌 투자기회를 찾아낸다. 박현주 회장은 어느 인터뷰에서 "1년에 300~400개 딜이 우리에게 들어온다. 대부분 해외 매물이다"라고 말했다. 그동안 호텔과 오피스를 중심으로 대체투자를 진행해온 미래에셋은 물류센터를 비롯해 병원, 리스 등으로 대체투자를 확대해 나가고 있다. 특히 글로벌 물류 인프라 스트럭처는 코로나19의 대유행 여파로 비대면 쇼핑과 이커머스 시장이 급격히 성장하면서 새로운 투자처로 주목받는다.

글로벌 혁신기업에 대한 투자는 알토란 같은 성과를 냈다. 미래에셋은 그동안 중국 드론제조업체 DJI, 동남아시아 차량공유서비스 그랩, 인도 이커머스 식품업체 빅바스켓, 인도 차량 공유서비스 올라, 그리고 미국 대체 육류 개발 제조업체인 임파서블 푸드 등에 투자해왔다. 그리고 인도의 조마토, 인도네시아 전자상거래기업 부깔라팍 등이 상장하자 엑시트(투자금 회수) 하면서 해외법인 실적 향상에 보탬을 주었다. "의학이 발달하고 고령화가 심화하면서 헬스케어라는 새 산업이 등장했다. 중국 인구가 15억 명이라는 점 등을 고려하면 헬스케어 분야에 관심을 두고 투자해야 한다." 박 회장은 2018년 미래에셋생명 사내 방송을 통해 글로벌 투자 포트폴리오를, 부동산 시장 호황 이후에 두고, 경쟁력을 갖춘 회사 중심으로 꾸려나가는 게 미래에셋의 방향성이라고 강조했다. 미래에셋은

대한민국을 선진국으로 이끈 K-경영

네이버, 셀트리온, GS리테일 등 주요 기업과 전략적 파트너십을 통한 글로벌 신성장 투자에 나섰다. 대표적인 사례가 네이버와의 지분 교환이다. 미래에셋증권과 네이버는 2017년 각각 5,000억 원 규모로 상대방 주식을 매입하면서 상대의 글로벌 진출에 적극적으로 협력하고 있다. 당시 박 회장은 "4차 산업혁명의 아이디어를 지닌 회사와 적극적으로 소통하겠다"라면서 "미래 산업을 이끄는 해외 기업의 인수합병에 동참하겠다"라고 밝혔다. 2018년 미래에셋과 네이버는 1조 원 규모의 '미래에셋·네이버 아시아그로스펀드'를 공동 조성했고, 이 펀드는 세계 최대 기업 간 거래B2B 플랫폼 투자를 진행했다.

미래에셋은
인재 양성에 올인한다

21세기는 지식기반사회이고, 인재와 시스템이 기업과 국가의 성패를 좌우한다. 미래에셋은 돈보다 사람에게 투자한다. 그 일환이 역량 있는 경력자의 대거 영입이다. 미래에셋은 권한 위양과 다양한 전문가의 지혜를 모으는 인재경영을 지향한다. 동시에 글로벌 투자 전문가 양성 등 다양한 인재육성 프로그램을 시행하고 있다. 미래에셋그룹은 2021년 11월 대대적인 임원 승진 인사를 단행했다. 미래에셋 창립 멤버 최현만 미래에셋증권 대표이사는 금융투자업계 최초로 전문경영인이 회장으로 승진한 사례다. 박현주 회장은 글로벌경영전략고문GISO과 홍콩법인 회장직을 유지하면서, 해외 시장 진출과 인수·합병 등 그룹의 큰 그림을 그리는 데 집중하고 있다.

미래에셋자산운용 임원 수는 113명으로 늘어났다. 전체 임직원 542명 중 20.85%가 임원이다. 미래에셋자산운용이 이처럼 임원 수를 크게 늘리며 공격적으로 사업을 전개하는 것은 박 회장의 사업 방침에 따른 것이다. 박 회장은 유능하고 젊은 직원이 회사를 이끌어 나가도록 직위나 보상 등에 과감한 인센티브를 제공해왔다. 스카우트 과정에서 유능한 인재라고 판단하면 나이에 구애받지 않고 임원 승진을 약속했다. 그리고 그 약속을 이행하는 과정에서 자연스럽게 임원 수가 늘어난 것이다. 그래서 다른 회사 인재들을 블랙홀처럼 빨아들이고 있다는 부정적인 평가도 있다.

특히 미래에셋자산운용은 자산 배분, 부동산투자개발 등 주요 사업을 부문별로 나눠 각각 대표를 두는 경영방침을 정하고 '부문 대표'를 23명으로 늘렸다. 실질적 책임과 권한을 갖는 대표 수를 늘려, 임원들을 회사 운영에 적극적으로 활용하려는 포석이다. 그동안 미래에셋자산운용이 '스타급 선수'로 이름을 날리는 펀드매니저를 지속적으로 영입해온 배경이다. 그간 미래에셋은 경쟁사보다 ROE가 낮아 막대한 자본력을 제대로 활용하고 있지 못하다는 지적을 받아왔다. 이 같은 약점을 극복하고자 국내외를 가리지 않고 공격적으로 인재 영입에 나서고 있다고 풀이할 수 있겠다.

 향후의 금융전략
추진 방향

미래에셋 금융그룹이 세계적인 자산운용사와 글로벌 투자그룹으로 도약하기 위해서는 갈 길이 멀다. 무엇보다 이머징 마켓을 넘어 선진국 금융시장을 포괄하는, 깊이 있는 자산운용 서비스와 글로벌 네트워크 역량 강화에 나설 필요가 있다. 동시에 신규 비즈니스 확충과 수익성 강화로 자기자본이익률ROE을 끌어올려 은행과 차별성을 키우는 초대형 금융투자회사로 거듭나야 한다. 예컨대 미국의 대형 IB인 JP모건, 모건스탠리 등은 100조 원이 넘는 자기자본에도 ROE가 10%를 상회하는 호실적을 보여주고 있다. 이에 미래에셋도 늘어난 자본만큼 수익성을 끌어올릴 수 있는 글로벌 경쟁력을 확보해야 할 것이다.

세계적으로 고객자산관리Wealth-Management를 잘하는 증권·자산운용사가 최고 금융사로 인정받는다. 회사 규모와 별개로 고객에게 높은 수익률을 돌려줄 수 있느냐가 관건이다. 4차 산업혁명 시대를 맞아, 빅데이터를 활용해 고객 맞춤형 서비스를 제공하는 로보어드바이저의 활약이 두드러지고 있다. 금융투자 분야에서도 인공지능AI 기술 인프라 구축과 AI를 활용한 자산관리기법의 고도화 등 혁신적인 서비스 개발이 요망된다. 또한, M&A나 상장IPO 업무에서 저가 출혈 경쟁이 아닌 전문 서비스를 펼치면서 합당한 수수료를 받는 금융투자 비즈니스 모델을 만드는 게 중요하다.

국내에서 미래에셋증권은 은행과의 진검승부를 앞두고 있다. 승부에서 이기려면 초대형 IB 비즈니스 가운데 발행어음 사업과 종합투자계좌 사업 전개에 주력해야 한다. 무엇보다 천신만고 끝에 따낸 발행어음 사업을 ROE 제고의 기회로 삼아야 한다. 한편, 투자금융업계 최초로 종합투자계좌 사업에 진출하는 것은 큰 의미가 있다. IMA는 증권사가 원금을 보장하면서 고객 예탁금을 운용해 은행 금리 이상의 수익을 지급할 수 있는 통합계좌를 말한다. IMA는 별도의 한도 없이 고객 예탁금 및 기업금융사업을 키울 수 있어 사실상 은행과 같은 예금·대출 업무수행이 가능하게 된다.

IMA 업무 허용은 한마디로 금융 영역 파괴의 신호탄인 셈이다. 미래에셋이 인터넷전문은행 진출을 일찌감치 포기한 것도, IMA 사업을 통한 예금·대출 업무 진출 가능성을 내다봤기 때문으로 풀이된다. 미래에셋은 인공지능, 전자상거래와 금융결제 서비스 역량을 갖춘 네이버와의 협업을 통해 예금·대출 업무를 강화한다는 방침이어서 향후의 금융전략 추진 방향이 주목된다.

에
필
로
그

현재 전 세계적으로 확산되고 있는 한류Hallyu를 불러온 근본적인 동인은 한국 기업(K-경영)의 글로벌 성공이라고 생각한다. K-팝, K-드라마 등으로 대변되는 문화 콘텐츠의 확산은 한국 기업과 Made in Korea 제품의 성공, 즉 '경제적 한류'에 기초하고 있기 때문이다.

이 책에서 소개되고 있는 10개의 기업은 연구진이 선택한 한국 기업의 대표선수들이다. 5개 제조기업과 5개 서비스기업 창업자들의 생존 전략과 폭발적인 성장 스토리는 흥미진진하다. 이들 기업의 창업자들과 경영자들이 보여준 K-기업가정신은 현재 저성장 경제에 시달리는 많은 국가 경제에도 시사하는 바가 크다. 'K-기업가정신'이야 말로 '보이지 않는 성장 엔진'이 될 수 있기 때문이다. 10개 대표 기업들의 스토리를 종합해보면, K-기업가들은 공통적으로 다음 세 가지 특성을 공유하고 있음을 알 수 있다.

첫째, '세계 최고'를 꿈꾸는 드리머Dreamer다. 국내 1위에 전혀 만족하지 않고 세계 최고가 되기 위한 지속적인 열정과 결단을 보여준다. 둘째, 지속적인 피벗팅을 하면서 동시에 칭기스칸 군대를 연상할 정도로 무지무지한 속도로 선두를 따라잡는 최강의 추격자Fast Follower다. 마지막으로, 인재 유치와 육성에 엄청난 인센티브를 제공하고, 지역사회와 커뮤니티 번영에 지속적으로 투자하는 기부자Giver의 모습을 보여주고 있다.

다음 10개 기업의 짧은 스토리가 이 같은 특성을 웅변해주고 있다.

1993년 독일 프랑크푸르트에서 '신경영'을 선언한 삼성전자 이건희 회장은 1995년 삼성전자 구미사업장에서 휴대전화와 팩시밀리 머신 등을 잔뜩 쌓아 두고 불태워 버리는 화형식을 거행한다. '최고의 품질이 아니면 만들지 않겠다'는 비장한 선언이었다. 이후 삼성은 초일류기업으로 성장했다.

1980년 현대건설이 서산방조제 물막이 공사에서 유조선을 활용하는 신의 한 수를 보여주었다. 이는 정주영 회장이 상상력의 끝판 왕임을 입증해 보이는 여러 사례 중 하나다. 선대 회장의 DNA를 이어받은 현대차그룹은 가솔린차 메이커에서 디지털 모빌리티 기업으로의 피벗팅을 세계 최고의 속도로 진행 중이다.

오래전부터 장학퀴즈 등 인재 육성에 큰 관심을 보여주었던 회사가 SK그룹이다. SK, 하면 행복 날개 로고가 가장 먼저 연상된다. 이들은 행복 추구와 수펙스경영으로 시대를 리드하고 있다. CSR, ESG경영을 가장 먼저 주창하면서 '목적경영'의 진수를 보여주고 있다.

LG그룹은 구 씨와 허 씨 두 집안의 오랜 동업이 성공적으로 해산된 아름다운 기업동맹 성공사례다. LG전자는 인간 존중과 정도경영으로 9개 분야 세계 1위 사업을 보유하고 있다. 4세 경영인 구광모 회장은 26년간 지속했던 만년 2등인 휴대전화 사업을 과감히 포기하는 결단을 보여주었다.

세계 최강의 철강 회사로 알려진 포스코그룹은 포항의 야경과 영일만의 기적을 만든 회사다. 2019년 다보스 포럼에서 스마트팩토리 도입으로 '세계 등대공장'으로 선정되는 등 제조업의 미래 표준을 만들어가고 있다.

서울 강남의 랜드마크인 123층 높이를 가진 롯데월드타워는 신격호 선대 회장의 작품이다. 서울-도쿄를 매달 왕복하는 셔틀경영으로 유명한 신 회장은 무려 40년을 준비하고 노력한 끝에 2017년 송파구에 롯데타운을 완성한 바 있다. 괴테를 사랑한 한국인, 비현실적인 최고를 꿈꾸는 K-기업가의 전형을 보여주고 있다.

네이버는 21세기 들어 한국이 만들어 낸 새로운 사업이다. 시작부터 글로벌을 꿈꾼 이해진 창업자는 2000년 네이버재팬을 설립하고 집요한 생존 노력 끝에 2011년 라인의 성공으로 일본에서 1등 서비스를 만드는 데 성공했다. 웹툰과 엔터테인먼트 플랫폼 분야에서 글로벌 최강자를 향해 성장 중이다.

카카오는 '사람'이 아니라 '문화'가 일하는 조직을 만든다는 브라이언 김 창업자의 독특한 철학이 돋보이는 한국의 대표 서비스 기업이다. 전형적인 수직적 문화를 가진 한국 기업들과는 반대로 수평적인 리좀형 조직문화를 통해 디지털 플랫폼 시대의 새로운 성장모델을 제시하고 있다.

쿠팡은 이전 한국 기업과는 전혀 다른 성공 방정식을 보여준 뉴노멀 기업이다. 뉴욕증권거래소에서 성공적으로 상장한 한국의 아마존이다. 로켓배송이라는 새벽배송 시스템을 만들어서 한국인의 쇼핑문화에 혁명을 가져왔다. 1,000만 명에 육박하는 충성고객을 바탕으로 새로운 꿈을 만들고 있다.

미래에셋금융그룹은 17조 원의 자기자본을 보유 중이다. 14조 원 자본을 가진 일본 2위 다이와증권이 120년 걸려서 구축한 자본을 불과 20년 만에 달성했다. 박현주 회장의 스피드경영, 글로벌마인드, 인재중심경영이 만들어 낸 결과다. 한국 서비스 산업 역사상 최고의 성장 속도를 보여주고 있다.

이상 K-경영이 보여준 사례들이 여러분들의 개인 비즈니스와 지역사회 발전에 조금이나마 도움이 되기를 희망해본다.

대한민국을 선진국으로 이끈 K-경영

1판 1쇄 인쇄 2023년 1월 16일 | **1판 1쇄 발행** 2023년 2월 13일

지은이 김기찬·서용구 외

발행인 신수경
책임편집 신수경
디자인 디자인 봄에
마케팅 용상철 | **제작·인쇄** 도담프린팅 | **종이** 아이피피
발행처 드림셀러
출판등록 2021년 6월 2일(제2021-000048호)
주소 서울 관악구 남부순환로 1808, 615호 (우편번호 08787)
전화 02-878-6661 | **팩스** 0303-3444-6665
이메일 dreamseller73@naver.com | **인스타그램** dreamseller_book
블로그 blog.naver.com/dreamseller73

ISBN 979-11-92788-02-9 (03320)

※ **드림셀러는 당신의 꿈을 응원합니다.**
　　드림셀러는 여러분의 원고 투고와 책에 대한 아이디어를 기다립니다.
　　주저하지 마시고 언제든지 이메일(dreamseller73@naver.com)로 보내주세요.